中国自由贸易试验区
创新型统计指标体系研究

马晓君 刘 欢 常百舒 著

科学出版社

北京

内 容 简 介

　　本书是集专业性、技术性与科普性为一体的读物。主要内容为中国自由贸易试验区相关统计指标的构建，以及对统计指标体系的评价分析。并在统计口径的明确性、统计指标的权威性、统计方法的专业性、统计数据的及时性、统计结果的可比性等方面进行创新。全书特色在于建立基础指标和专项指标两套体系，并采用多种基础和改进的实证方法对指标体系进行评价，以期多角度、全方位地分析自由贸易试验区的发展现状，为中国自由贸易试验区对接全球提供基础。

　　本书主要适用于对中国自由贸易试验区建设感兴趣的国内外学者、政务工作人员，以及愿意了解指标体系构建和评估方法的相关研究人员。望广大读者不吝赐教。

图书在版编目（CIP）数据

中国自由贸易试验区创新型统计指标体系研究/马晓君，刘欢，常百舒著. —北京：科学出版社，2021.6
　ISBN 978-7-03-067290-2

　Ⅰ. ①中… Ⅱ. ①马… ②刘… ③常… Ⅲ. ①自由贸易区－统计指标体系－研究－中国 Ⅳ. ①F752
　中国版本图书馆 CIP 数据核字（2020）第 253498 号

责任编辑：邓　娴/责任校对：宁辉彩
责任印制：张　伟/封面设计：无极书装

科学出版社 出版
北京东黄城根北街 16 号
邮政编码：100717
http://www.sciencep.com

北京凌奇印刷有限责任公司 印刷
科学出版社发行　各地新华书店经销

*

2021 年 6 月第　一　版　开本：720×1000　B5
2022 年 5 月第二次印刷　印张：11 1/4
字数：227 000
定价：102.00 元
（如有印装质量问题，我社负责调换）

本书由辽宁省人文社会科学重点研究基地东北财经大学国民核算研究中心资助出版。本书是国家社会科学基金重大项目"卫星账户编制的理论、方法与中国实践"（19ZDA120）的阶段成果。

前　　言

中国着力构建面向全球、辐射全国的自贸区网络，统计评估指标体系的构建对指导自贸区发展方向和评估自贸区发展状态有重大意义。然而，我国自贸区运行状态评价还未进行较大范围的开展，导致我国自贸区运行效果评价成为难点。

本书以中国截至 2018 年底建立的 12 个自贸区为研究对象，其核心内容是自贸区相关统计指标的构建，以及对中国自贸区统计指标体系进行评价分析。主要包括三部分：首先，结合经济理论介绍自贸区的相关概念，对国内外自贸区发展制度进行理论整理和比较分析，简单介绍中国各自贸区不同战略定位及相关统计工作的执行现状，着重论述中国综合发展评价指标体系和世界银行全球营商环境指标体系的设计方式、方法，构建中国自贸区统计指标体系。其次，中国自贸区统计指标体系的构建与评价从两个方面展开，即基础指标体系和专项指标体系。最后，通过决策实验室分析（decision-making trial and evaluation laboratory，DEMATEL）法、层次分析（analytic hierarchy process，AHP）法、改进的 AHP-熵值评价法、改进的逼近理想解排（technique for order preference by similarity to an ideal solution，TOPSIS）法和"反事实"法对自贸区统计指标进行层层递进的实证分析，对自贸区相关统计工作和未来自贸区发展提出相应政策建议。

本书的意义在于：理论方面，其一，建立自贸区统计指标体系，是对国际比较理论的积极拓展。率先建立具有国际比较意义的权威性统计指标体系，是在经济全球化发展中抢得先机、赢得主动的关键一步。其二，是对国民经济核算理论的最新补充。完善、全面的自贸区统计指标体系恰好反映了"一带一路"发展机遇下的中国经济发达地区的国民经济发展状况，推进中国经济核算的进一步发展。其三，是自贸区统计指标体系创新的大胆尝试。针对现有自贸区统计指标体系的不足，构建指标层次体系更丰富的统一框架对中国自贸区运营状态进行静态和动态的比较研究具有理论意义。在现实角度，其一，创建自贸区统计指标体系，是前沿的统计方法在实际应用中的有益探索。实现统计指标的规范性，使其提高自贸区统计工作效率。能够在自贸区的统计工作中起到引领和指导的作用，统筹规划自贸区内统计工作的展开，提高自贸区统计数据的精准度和时效性。其二，实现统计指标的全面性，能够全范围控制自贸区发展。在自贸区发展时全方位、多角度地展现自贸区经济、社会、民生等领域的运行状态。其三，实现统计指标体系的可推广性，在自贸区建设中具有指导意义，指导自贸区各项工作的部署，促进自贸区健康发展，推动相关政策的推广与落实。

目　　录

第一章 绪 论

第一节 选题背景与文献综述

一、选题背景

（一）国际贸易规则的博弈

纵观世界历史，经济全球化促进了全球贸易和贸易规则的产生、完善和重构。在世界贸易组织（World Trade Organization，WTO）多哈回合谈判受阻从而导致多边贸易体制裹足不前的情况下，老牌经济强国的经济贸易利益和比较优势无法在既有的经济平台上得到发挥和体现，这些国家便试图建立新的贸易规则，主导世界经济。先是美国在 2008 年加入跨太平洋伙伴关系协定（Trans-Pacific Partnership Agreement，TPP），并将中国排除在外，希望通过打造亚太地区乃至全球的著名自贸区来重塑世界贸易规则，并为自身经济恢复寻求捷径。之后美国又与欧盟于 2013 年 7 月 8 日在华盛顿展开《跨大西洋贸易与投资伙伴关系协定》（Transatlantic Trade and Investment Partnership，TTIP）首轮谈判，全球两大经济体意图联手共建世界经贸的"游戏规则"。此外，由美国和澳大利亚等发达经济体主导的国际服务贸易协定（Trade in Services Agreement，TISA）谈判，也在力求打造全球服务贸易领域的新规则和新秩序，试图夺取全球服务贸易领域规则的制定权。这一系列符合发达国家经济发展的经贸规则极大地影响了以中国为代表的发展中国家的利益。

在这"一波未平一波又起"的世界贸易规则争夺战中，贸易保护主义步步紧逼我国对外贸易发展。2018 年 3 月 1 日，美国政府宣布将对进口钢铁加征 25%关税，对进口铝产品加征 10%关税，并且关税将维持"很长一段时间"[①]。同年 4 月，

---

①美国将对进口钢铁和铝产品加征关税，http://www.xinhuanet.com/ fortune/2018-03/02/c_1122477245.htm [2018-03-02]。

美国政府发布了加征关税的商品清单，将对我国输美的 1333 项 500 亿美元的商品加征 25%的关税，并且依据"301 调查"，针对 500 亿美元中国进口商品加征关税[①]。5 月，美国白宫又宣布将对从中国进口的含有"重要工业技术"的 500 亿美元商品征收 25%的关税，其中包括与"中国制造 2025"计划相关的商品[②]。7 月 10 日，美国政府公布进一步对华加征关税清单，拟对约 2000 亿美元中国产品加征 10%的关税，其中包括海产品、农产品、水果、日用品等项目，仅仅一个月后，美国贸易代表又声称拟将加征税率由 10%提高至 25%，8 月美国贸易代表办公室（Office of the United States Trade Representative，USTR）又公布第二批对价值160 亿美元中国进口商品加征关税的清单，对自中国进口的 160 亿美元产品加征25%关税[③]。

针对美方措施，中方被迫采取反制措施。2018 年 4 月，国务院关税税则委员会发布将对原产于美国的大豆等农产品、汽车、化工品、飞机等约 500 亿美元进口商品对等采取加征关税措施，即对相应的 14 类 106 项商品加征 25%的关税[①]。8 月，国务院关税税则委员会决定对原产于美国的 5207 个税目约 600 亿美元商品加征 25%、20%、10%、5%不等的关税[④]。同月，中国在 WTO 起诉美国"301调查"项下对华 160 亿美元输美产品实施的征税措施，并决定对 160 亿美元自美进口产品加征 25%的关税，与美方同步实施[⑤]。这一系列的制裁与反制裁措施，正式将中美之间的贸易摩擦升级成为贸易战。从历史来看，美国曾 5 次对中国发起"301 调查"，已成为与中国发生贸易摩擦最多、最激烈的国家。这些贸易摩擦对我国都有直接或间接的针对性，我国若只是被动应对将很难在世界贸易市场拥有话语权。

如何从"见招拆招"的应对发展至"以不变应万变"的从容，需要的是能够经受时间考验的对外贸易政策和健全的双多边机制，打造自贸区行之有效的区域合作平台，积极发展与"一带一路"沿线国家的经济合作伙伴关系，谋求建立政治互信、经济融合、文化包容的利益共同体、命运共同体和责任共同体，才能在世界贸易规则中不被经济强国左右与辖制。

为在参与全球贸易与投资活动过程中提升自身的国际竞争力，中国应及时做

---

① 多位企业家回应中美贸易摩擦：广阔内需市场足以应对风险，http://finance.china.com.cn/news/20180405/4593342.shtml[2018-04-05]。

② 中国对美 500 亿美元商品加关税，https://www.bjnews.com.cn/detail/155152974214521.html[2018-06-17]。

③ 捍卫自身合法权益 遏制贸易摩擦升级——访中国社科院世界经济与政治研究所研究员高凌云，http://www.gov.cn/xinwen/2018-08/04/content_5311655.htm[2018-08-04]。

④ 国务院关税税则委员会发布公告决定对原产于美国的部分进口商品（第二批）加征关税，http://finance.china.com.cn/news/20180803/4720414.shtml[2018-08-03]。

⑤ 中国起诉美国对 160 亿元中国产品征税，https://www.bjnews.com.cn/detail/155153172614217.html[2018-08-24]。

出战略调整，设立自贸区，形成引领国际经济合作和竞争的开放区域，培育带动区域发展的开放高地。自贸区先行先试，逐步积累参与国际多边合作和区域合作的经验，按照国际新的贸易投资规制与西方发达国家开展贸易谈判和合作，为中国进一步全面参与经济全球化进程提供必要的前提准备。

（二）中国开放型经济"第二季"

把握开放主动权，强化自贸区建设，是我国新一轮对外开放的重要内容。党的十七大把自贸区建设上升为国家战略，党的十八大提出要加快实施自贸区战略。党的十八届三中全会提出要以周边为基础加快实施自贸区战略，最终形成包括邻近国家和地区、涵盖"一带一路"沿线国家及辐射五大洲重要国家的全球自贸区网络。进一步深化自贸区改革开放，是党中央、国务院做出的重大决策，是在新形势下为全面深化改革和扩大开放探索新途径、积累新经验的重要举措，对加快政府职能转变、积极探索管理模式创新、促进贸易和投资便利化、形成深化改革新动力、扩大开放新优势，具有重要意义。

中国开放型经济的"第一季"虽然创造了举世瞩目的国民经济连续三十多年高速增长的"中国奇迹"，中国已进入中等收入国家行列，新一轮的改革开放需要顶层设计的支持，但随着中国生产要素优势的逐渐丧失，中国以低端要素加入全球价值链的红利已经透支，以及随着国际竞争加剧，中国基于出口导向的发展模式已经受到其他国家的围堵。为争取主动，中国亟须自主地推动国内经济转型，并通过国内改革迎接新一轮经济全球化的浪潮，开启中国开放型经济的"第二季"。低端制造业和低附加值贸易、房地产及基础设施投资，这三大传统动力在我国经济超高速增长的阶段中发挥了重要作用，而现在这三大动力将逐渐从高速发展转至平稳增长阶段，对我国经济增长的制约影响将持续显现，探索新的增长渠道是未来中国经济贸易可持续发展的关键。但是我国经济发展存在地区不平衡，经济体制的改革也将影响到诸如管理体制、财税金融、价格体制、社会稳定等多方面因素，因此，政策推行要适度，选择经济发展基础条件较好的地区先行开展试验，为全面深化改革积累相关经验。现如今，在"一带一路"的规划下，自贸区承载着重要的功能和作用。如果将我国制造业通过贴牌代工或加工贸易的方式加入由国际大买家或跨国公司所主导的全球价值链中这一阶段称为我国开放型经济的"第一季"，那么设立境内自贸区可以视为开启中国开放型经济"第二季"的关键点（陈爱贞和刘志彪，2014）。

自贸区的设立是实现我国开放型经济的三大转变的关键点：一是国际经济从"多边开放"和"双边开放"转向"单边开放"，实现从产品市场开放走向要素市场开放。二是政府管理从"正面清单"转向"负面清单"，实现从内部"分权"改革走向"减权"改革。三是从"参与制造业产品国际分工"转向"攀升全球价值链顶端"，实现从制造业全球化走向服务业全球化。

（三）中国自贸区网络新格局

随着自贸区的建设和发展，中国形成了面向全球、辐射"一带一路"的自贸易区网络和对外开放新格局。2013 年 8 月，国务院正式批准设立中国（上海）自由贸易试验区（以下简称上海自贸区），2015 年，我国相继设立中国（广东）自由贸易试验区（以下简称广东自贸区）、中国（天津）自由贸易试验区（以下简称天津自贸区）、中国（福建）自由贸易试验区（以下简称福建自贸区）3 个自贸区，为加快政府转变职能、探索管理创新模式、促进贸易和投资便利化进行了积极有效的探索。2016 年，国务院相继设立了新的一批 7 个自贸区试点（新设 7 个自贸区在辽宁省、浙江省、河南省、湖北省、重庆市、四川省、陕西省），2018 年党中央决定支持海南全岛建设自贸区，支持海南逐步探索、稳步推进中国特色自由贸易港建设。中国开启自贸区的扩展试点网络新格局。

（四）中国改革开放新途径

中国推进自贸区建设，是在经济全球化进入关键转折关头采取的一项重要战略举措。自 2008 年全球金融危机之后，一些发达国家贸易保护主义思想复苏，企图建立新的世界贸易规则来谋求最大的经济利益。作为世界第二大经济体，中国对待全球化的态度对世界经济具有举足轻重的影响。为应对全球经济变化趋势，中国通过推动自贸区建设，构建更高水平的开放型经济新体制，是推动新型全球化、维护世界经济稳定的重要举措之一。

改革开放 40 多年来，我国积累了宝贵的对外开放经验，从建立深圳、珠海、汕头、厦门、海南等经济特区再到遍布全国各地的工业园区、经济技术开发区、高新技术开发区、金融贸易区、出口加工区和保税区，以点带面地开辟特殊功能区、经济发展园区已成为我国最主要的对外开放举措。事实证明，所有这些区域都取得了重要的成果，在我国经济发展和对外开放上发挥了重要的作用。

但是，从我国开放型经济体制的制度建设角度来看，局部的特殊政策所发挥的作用也相对有限，要想在层出不穷的世界贸易博弈中占得先机，还需要全面推进与国际高水平的开放规则相适应的制度体系建设。自贸区正是出于这一目标而设立的，不再是通过优惠政策吸引外资的特殊区域，而是通过制度和体制创新来优化各种资源和要素配置，从而达到结构升级、经济发展方式转型的目的。从这个意义上看，自贸区已经远远超出了传统意义上的"自由贸易"可以涵盖的内容，成为贸易和投资自由化、便利化的制度体系集成的试验区。

二、文献综述

在背景所述的全新的格局下，学者关于国内外自贸区运行效果的评价研究已成为研究热点，其中，构建创新型自贸区统计指标体系已成为运行效果评价研究的中心环节。

自贸区统计指标体系研究具有强大的实用性，在我国自贸区建设过程中具有广阔的研究前景。我国自贸区在进一步发展中，依托现有经国务院批准的新区、园区，紧扣制度创新这一核心，针对不同自贸区的多样化定位目标，进一步对接高标准国际经贸规则，在更广领域、更大范围形成各具特色、各有侧重的试点格局，推动全面深化改革、扩大开放。这就需要自贸区统计指标体系从我国新区、园区的统计现状出发，放眼于国际经贸规则，不断更新与提炼统计指标和指标评价方法。

本书欲构建全而精的自贸区统计指标，既要反映出全局发展水平，又要突出重点和难点，以实现"一套指标体系通用、多种评价方法结合"的研究目的。但到目前为止，对于自贸区统计指标体系的设计与构建，特别是在国内外自贸区统计发展状况对比、基于统计学技术的统计指标体系的客观评分方法研究、自贸区综合评估指标体系的设计、国际自贸区运营模式下统计指标的选取、自贸区监管网络建设的指标选取等方面的研究仍显不足。在此背景下，本书对自贸区统计指标体系构建这一核心的问题进行专项研究。

（一）发展测评指标体系综述

1. 国外发展测评指标体系综述

国际上关于发展测评的研究，比较有代表性的有：联合国于 1996 年建立的一套包括社会、环境、经济、机构四个方面的可持续发展指标体系，旨在帮助各国制定可持续发展政策；英国于 1994 年发布了国家可持续发展战略，成为全球首个公布全套可持续发展指标的国家；2000 年联合国提出了 8 项"千年发展目标"及相关的 18 项具体目标和 48 项指标，内容涉及社会公平（反贫困、教育平等、性别平等）、生命健康、环境保护及全球合作等方面，成为衡量社会发展进程的重要标准。

而国外学者关于统计指标及指标体系的研究内容和方法更具有多样性。

在经济建设领域，Calvo 等（1996）在分析墨西哥 1995 年危机时指出考察广义货币对外汇储备的比例在估量银行部门对货币危机的脆弱性时是比较有效的。Kaminsky 等（1998）将涉及货币危机的 103 个预警指标分为六大类：外部变量、金融变量、实际变量、公共财政、结构变量及政治变量，并通过显著性分析得到

15 个验证显著指标。Abiad（2003）通过构建包含宏观经济不平衡指标、资本流动指标和金融脆弱指标对东亚危机进行了良好的预测预报。Fontaine（2005）重点考察了预算赤字/国内生产总值（gross domestic product，GDP）、国内信用增长、通胀率、实际产出增长率、货币增长率、经常项目/GDP、失业率等 7 个宏观经济指标对货币危机的预警作用，结合经济政策对 21 个发达国家和 16 个新兴市场的1963~2003 年的数据进行了分析。

在政治建设领域，Ospina 等（2004）通过构建公共资金管理评价指标体系首创性地开启了公共资金的先河。Ammons（1995）进一步指出，绩效评价是构建整个组织受托责任的至关重要的工具，它不仅能使一线员工对监督者负责，监督者对部门管理当局负责，部门管理当局对中央行政机关负责，中央行政机关对治理委员会负责，还能使委员会成员就地方政府的整体运转对公众负责。

在文化建设领域，当前国外学者对软实力的研究还主要集中在社会学、政治学和国际关系学视角，因此多数学者对软实力的评估主要是基于定性的角度，对软实力的构成要素研究也主要聚焦于精神层面的要素。因而，对软实力的评估难以量化成为软实力研究者的共识。不过，随着数理分析的发展，社会学领域越来越多地引入各种量化方法。加之当前学科交叉的发展趋势，于是有学者提出对软实力指标进行量化研究的观点。在指标量化方面做得比较好、认可度比较高的是芝加哥全球事务委员会，该研究机构将软实力划分为经济软实力、政治软实力、外交软实力、人力资本软实力及文化软实力这五个方面。

在社会建设领域，在 20 世纪 50 年代，经济合作与发展组织（Organization for Economic Co-operation and Development，OECD）只关注研究与发展（research and development，R&D）领域的统计与指标设计，20 世纪 60 年代开始引入专利、技术收支平衡指标，从 20 世纪 70 年代开始，逐渐引入了高技术产品、论文、人力资源和创新指标等，且风险投资指标、知识经济的测度也越来越多地被 OECD 成员国关注。丹尼尔·马尔金（2003）将 OECD 设计的所有科技指标分为三类，投入指标、流量（throughput）指标与产出指标，其中投入指标包括 R&D、无形投资、固有技术、风险投资等；流量指标连接投入指标与产出指标，它包括创新活动、知识的流动、形成知识所必需的基础设施等，是促进投入转化为产出的中间环节；产出指标包括创新成果、专利、生产率、技术收支平衡、高技术贸易、论文及就业。其中以 R&D 领域与创新领域的统计指标设计贡献最为突出。

在生态建设领域，Arrow 等（1995）在研究经济增长、承载能力和环境的关系时指出，经济增长并非环境质量的万能良药。经济自由化和其他促使 GDP 提高的政策并不能替代环境政策。环境的损害，如生态恢复力的损失通常是无法恢复的。随着社会发展，总人口和平均消费在不断增加，而总的生产型土地面积和自然资源资本在下降。承载能力的萎缩将会很快成为困扰人类的唯一的最重要的问题。

生态赤字还可以反映国家之间的贸易关系。

2. 国内发展测评指标体系综述

国内有关研究机构和部门对地区发展也提出了诸多评价指标体系和测评办法。

在经济建设领域，形成了从宏观到微观、从金融到贸易的一套完整的评价指标体系。刘志强（1998）根据指标体系构建的全面性指出，一国或地区宏观经济的运行规模与质量可从其经济业绩、经济结构、经济效益和财政金融状况等四个方面得到较为全面的反映。杨岚（2004）对中国、美国、日本宏观经济监测中的先行指标、同步指标和滞后指标进行了整理介绍。晏露蓉和吴伟（2006）从基准指标选取、指标体系构成和先行指数编制三个方面对国内外经济运行先行指标体系进行了比较分析。万正晓和吴孔磊（2009）对我国宏观经济预警模型构建的数学方法进行了详细介绍，并指出现行的预警指标偏重定量研究，定性研究反而不深入，这容易失去预警信息。唐晶莹等（2012）利用格兰杰因果检验从经济增长、投资、消费及出口四个方面构建了先行指标体系，遴选出 5 个循环指标、23 个先行指标、7 个滞后指标及 3 个同步指标，构建了一个关于宏观经济预测的指标体系，并且就各部分的先行指标体系对基准指标的预测作用进行了检验。张寒明（2016）进一步指出对宏观经济统计指标的研究还需要综合各个不同的统计指标体系，对国民经济账户体系（the system of national accounts，SNA）的研究是有必要的，但是仅仅对 SNA 进行研究又是具有局限性的，应建立以 SNA 为核心，以国际收支服务贸易统计（balance of payments，BOP）、货币与金融统计（monetary and financial statistics，MFS）为补允的全方位宏观经济统计体系。王广谦（1996）率先对金融效率进行了研究，指出金融效率是金融运作的能力，并将金融效率分解为金融机构效率、金融市场效率和金融宏观效率三个方面来进行指标体系的构建。汪永奇和程希骏（2002）认为，金融效率可以大致划分为宏观和微观两个层次，提出各个层次之下各指标之间的联系。南旭光和罗慧英（2006）不仅对我国的金融效率进行了研究，而且对我国金融不稳定体系的复杂性进行了考虑，把我国金融不稳定指标体系划分为金融、国内经济及对外经济三个子系统，搜集筛选了 18 个细化的隶属核心指标从而构成了我国金融不稳定综合评价指标体系基本框架，并结合复杂性理论中的突变原理方法，综合评价了我国金融不稳定情况。周稳海和赵桂玲（2010）又利用主成分分析法构建金融风险预警指标体系，对我国金融风险水平进行测算，并进行了全方位的评估比较分析。傅强等（2015）指出同一经济体的各金融经济指标之间往往具有较强的相关性，因此通过主成分分析对原始指标进行降维处理，得到价格指数因子、货币供给因子、财政负担因子和对外关系因子四个相互独立的主要因子以代表原始金融预警指标的整体信息，并以金融危机发生的概率为被解释变量，分别建立了基于动态和静态 Logit 方法的金融危机预警模型。

在政治建设领域，主要是针对政府绩效指标体系的研究。盛明科（2005）指出，社会和谐指标是政府绩效评估的重要指标，社会和谐指标由6个子指标组成，即自然资源可持续利用指标、基尼系数指标、城乡居民收入指标、社会自组织能力指标、公众安全感指标、公民幸福指数指标。胡同泽等（2005）指出，政府绩效评估指标体系应该包括行政理念、行政结构、行政方式、行政效率、行政效益、行政成本率、公众满意度、承诺实现度8个指标。朱慧涛（2006）指出，政府绩效评估应该包括以下几个方面的指标：经济性指标、质量性指标、公平性指标、稳定性指标。王玉明（2006）指出，一个科学的政府绩效评价指标体系必须包括三个层次：政府的指标体系、职能部门的指标体系、具体岗位的指标体系。具体的指标体系，他认为主要包括经济发展指标、民生质量指标、生态环境指标、人文社会指标、公共安全指标、行政成本指标、廉政勤政指标7个方面。朱明春（2011）肯定政府绩效指标体系建设在理论与实践上已取得的成果，同时又指出照搬西方经验的棘手问题，缺乏对政府绩效评估原创性理论的研究，缺乏对本土化问题的探究，提出着力解决指标体系构建过程中的本土化、结果运用等问题。贠杰（2015）又指出当前中国政府绩效评估模式普遍存在着绩效结构研究薄弱、评估指标技术定位偏差、作为基础支撑的数据源障碍等问题，因此建立科学、规范的第三方政府绩效评估基本技术路线需要放在相当重要的位置。

在文化建设领域，主要是针对文化实力的衡量。龚娜和杨刚（2009）运用AHP法将文化实力划分为经济实力等5个维度，并将其细化为50个细化指标，从而构建起了较为完备的文化实力三级评估指标体系。阎学通（2010）则运用三级指标评估体系对中国和日本的文化实力进行了差异化对比研究，并依据研究结果提出了我国文化实力建设的建议。王琳（2010）聚焦于国内的不同区域，运用聚类分析法和AHP法构建起了文化实力的三层评估体系，并运用该评估体系对我国不同区域的文化实力进行了分析和排名。张瑾（2016）运用模糊综合评价的方法，从定量的角度对我国的文化实力进行了评估研究，力求采用数理方法来构建软实力的评估体系。王天琪和黄应绘（2015）从文化实力的内涵出发，通过聚类分析法选取了文化继承与创新、文化生产、文化素质、文化吸引、文化体制等五个方面的13个评价指标，构建了一个具有层次性、可操作性和科学性的文化实力测度指标体系，并基于建立的评价指标体系使用秩和比法（rank-sum ratio，RSR）对全国31个地区的文化实力进行了综合评价与分析。

社会建设领域涵盖信用、法制、医疗、卫生、科技等多个方面。王军（2001）选取年龄、性别等13项基本指标，品德与信用记录、还款承受能力等4项附加指标，采用比较实用的经验分析法、统计评分法，构建个人信用指标体系，但是每个指标分数分配的合理性缺少实际样本数据的检验。莫茜等（2008）将指标体系大致分为两大部分，即信用评分指标（申请评分指标）和行为评分指标。第二部分的行为评分指标包括了如贷款的支付、消费金额等客户行为信息。陈惠民和汪禄坤（2015）通过对国外个人信用评分模型——FICO 模型的指标分析并结合中国个人信用的基本情况，采用信用历史、行为偏好、履约能力、身份特质、人脉关系 5 大类一级指标建立个人信用指标体系，同时着重突出了下一级指标选取的精准性与稳定性。李二斌（2007）指出，合理的社会保障水平评估指标体系要把评估指标分成社会效益、运营和适度规模三个目标层，再选用相应的指标来构建体系。介相桢（2012）把河南省社会保障水平的综合测定指标体系划分为养老保障、医疗保障、就业保障和贫困保障 4 个子系统，在各子系统下依据不同的评价目标设置覆盖面、保障度、公平性、高效性、持续性 5 个指标集 42 项独立指标，运用定量与定性相结合的方法，从多角度、多层次比较客观地反映了河南省社会保障水平的实施情况。杨艳萍（2007）对科技创新理论进行了简要回顾和综述，并从科技进步基础、科技投入、科技产出和科技促进社会发展 4 个方面构建科技创新能力的综合指标体系。乔章凤和周志刚（2011）从城市科技创新投入能力、创新产出能力、基础创新支撑与创新环境支撑四个方面分别选取科技、经济、教育和社会领域中具有代表性与典型性的指标，构建了城市科技创新能力评价指标体系，突出强调大学、科研机构、企业和政府支撑下科技创新能力评价。魏江和黄学（2015）指出在全球化继续加深的背景下，基于传统的科技创新能力评价范式构建的静态指标体系，已经无法满足当前创新能力的评价，因此综合运用探索性案例分析、AHP 法等多种研究方法，从科技"投入—产出"的全过程中涉及的人才投入、经费投入、信息支持等 9 大类指标构建了一套体现了科技创新多样性的指标体系。

生态建设领域主要是经济、社会发展与资源、环境相协调的可持续性问题。自《中国 21 世纪议程》颁布以来，我国学者从指标体系的概念、原则、框架方面开始了对可持续发展指标体系的研究。杨冕等（2009）基于可持续发展理论三维模型，构建了"经济—社会—生态系统"3 个子系统为第一层次，第二层次共包括 15 个指标的可持续发展指标体系，提出了测算区域可持续发展度、协调度及可持续性的评价模型。黄一绥（2009）采用压力—状态—响应指标体系，进行可持续发展评价，选取 2000~2007 年福州市城区环境数据，对福州市的环境动态进行了可持续性评价。李健斌和陈鑫（2009）选出涵盖生态资源、环境污染、社会压力、经济压力、制度响应、都市可持续发展 6 个领域 42 项指标，构建出中国台湾可持续发展指标体系。还有学者采用较先进的全排列多边形综合图示法及基于神经网络的方法。马文斌等（2012）指出生态指标体系的不完善，直接导致在生态文明建设考核测度的缺陷。现有研究在生态文明考核测度方面，主要将节能减排、控污防污和生态环境保护作为最主要的考核内容，然而这种考核忽略了对生态建设的考核。生态指标体系应将生态建设内容、生态文明建设成效等内容纳入其中。张欢等（2015）在对特大型城市发展状态和特大型城市资源环境问题与社会经济发展突出矛盾分析的基础上，建立了包括生态环境健康度、资源环境消耗强度、资源污染治理效率和居民生活宜居度4个方面，共20个指标的特大型城市生态文明评价指标体系，并以各个指标对应的国家标准、政策和规划要求，以及相关研究确立的指标发展目标为依据，对武汉市2006~2011年生态文明建设完成情况进行了评价。

（二）国内外自贸区建设文献综述

1. 国外自贸区建设综述

自由贸易的产生原因和意义最初来自亚当·斯密的绝对优势理论，之后大卫·李嘉图将绝对优势和绝对劣势的自由贸易理论扩充其中，形成了比较优势理论，丰富了国际贸易理论的发展方向。随后发展起来的生产要素禀赋学说也将其理论定义为国际贸易产生的原因，但由于该理论需要大量假设为前提，无法解释国际贸易的现实问题，促使里昂惕夫对生产要素理论在深度和广度方面均进行了扩展，进一步完善了自由贸易理论。

国外学者在自贸区研究上更侧重于对自由贸易协定（free trade agreement）模式的建设与应用分析。Feltenstein和Plassmann（2008）以韩国、新加坡和我国的香港、台湾地区四个知名开放自贸区为例，分析研究了区内贸易便利条件对当地经济及其溢出效应的重要作用和带来的益处。Park等（2008）研究分析了东亚一体化背景下，自贸协定框架下的关税同盟制度为东亚各国带来的便利，并运用综合评价法和文献分析法定性定量地进行了实证研究。Caporale等（2009）研究分析了欧盟自1993年建立以来十五年的多国间贸易协定发展情况，从公民、社会、政府、自贸区协定等多方面分析欧盟各国贸易平衡的便利性，指出在里斯本条约通过之后，自由贸易对欧盟经济金融和投资领域的巨大影响。

万事均有两面性，"双刃剑"思想在学术界对于自贸区的讨论中也同样试用。对于自贸区建设保持乐观态度的研究者论证了自贸区的积极意义，他们认为自贸区可以充分利用世界资源，打破贸易壁垒，推动全球经济发展，实现世界经济一体化。Venables（2003）认为，自贸区会降低贸易成本，拓宽市场范围，显著影响区域内产业分工及区位选择，是推动区域产业贸易的重要因素。Chauffour和Maur（2011）指出自贸区能够打破生产要素、商品及服务的流动障碍。Castilho等（2015）采用微观分解和"反事实"模拟方法对巴西玛瑙斯自贸区的财政激励机制进行研究，发现该机制不仅能够有效刺激地区中间产品的生产，还能增加地区经济福利，改善居民生活条件，使其成为亚马孙州充满活力的工业中心。

对于自贸区建设持有悲观态度的学者则认为自贸区的设立会阻碍区内外的资源与贸易流通，导致地区间的发展不平衡，造成社会的不稳定，这一观点以缪尔达尔的"回浪效应"理论最为典型。Polaski（2006）认为，北美自贸区会拉大美国国内工资差距，加剧收入不平等；Jenkins 和 Kuo（2013）研究了多米尼加共和国的自贸区企业减免所得税政策，发现这一政策增加了低收入人群的生活负担。Siroën 和 Yücer（2014）建立了全球性自由贸易园区（free trade zone，FTZ）原始数据库，从宏观层面分析自由贸易园区的贸易绩效，发现存在扭曲成本。

2. 国内自贸区影响因素研究综述

随着中国自贸区的设立发展，国内学者不仅在自由贸易试验区（free trade area，FTA）研究上重视起来，更是关注起对自由贸易园区的影响因素的研究探索。而该研究总结下来主要有以下三个方面。

在早期国内学者主要研究对保税区的影响评价因素。成思危（2003）总结了保税区发展进程，通过模糊综合评价方法研究了保税区经济状况、对外贸易、工业经济运转方式。寇晓霜（2004）综合研究了保税区产业结构模式，运用因子分析法从对外开放外资投入贸易方式等方面入手研究了国内保税区经济运行状况。刘辉群和刘恩专（2008）运用主成分分析法研究了保税区物流仓储模式，通过构建相关指标体系，以 12 个保税区物流数据评估该模型建立的有效性。杨卓亚（2015）在总结保税区经济运行特点和区域经济评价理论的基础上，运用因子分析法，从对外经贸、科技、内部环境的相关维度入手，选取部分保税区的相关数据进行定量分析。此外，陈章喜（2002a）、仇燕苹和宣昌勇（2007）、路海波（2009）综合分析了保税区发展中存在的绊脚石，提出相关正确路径和有效的政策建议。

第一，中期国内学者开始站在某一自贸区发展角度，定向分析了某一行业或改革创新的某一方面的影响因素。彭羽和陈争辉（2014）以上海自贸区为例，从国际通行的投资贸易便利化内涵和评价框架出发，结合国家对上海自贸区发展的战略定位，以及上海自贸区内企业商业模式运作对投资贸易便利化的需求，设计了一套适合上海自贸区层面的投资贸易便利化评价指标体系，并运用 AHP 法确定各项指标的权重。刘明显和莫洪兰（2015）运用 AHP 法构建了中国—东盟自贸区金融生态环境综合评价指标体系，研究影响金融生态环境的因素，提出优化金融生态环境的政策建议。张恩娟（2016）以福建自贸区为例，分别针对厦门、福州和平潭 3 个片区构建了物流服务能力影响因素指标体系，采用模糊物元分析法进行定量分析，并在此基础上提出了促进福建自贸区物流服务能力提高的对策措施。

第二，后期国内学者开始针对自贸区综合发展评价指标体系进行初步研究。孟广文和刘铭（2011）依据自由贸易理论和国外自由港和自贸区发展经验，结合中国保税区发展现状、优势及与典型自贸区存在的差距，利用模糊综合评价法、

AHP 法及问卷调查方法，初步建立起自贸区综合发展水平评价模型对天津滨海新区综合保税区进行综合发展水平评价，提出促进保税区发展的具体对策建议。李放平（2014）以上海自贸区为例，采用因子分析法建立数学模型，通过专家打分，并运用 SPSS 软件计算，筛选出推动因素、交互因素、制度因素、环境因素、保障因素 5 个影响自贸区与城市经济互动发展的关键因素。田毕飞和李伟（2015）在国内外学者研究的基础上，构建了内陆自贸区建设基础评价模型和建设需求评价模型，并运用这两个模型综合分析了武汉建设内陆自贸区的影响因素。刘晶和杨珍增（2016）结合国家对四个自贸区发展的战略定位，以及四个自贸区内企业对自贸区的功能需求，采用系统分析方法构建一套符合中国自贸区发展定位的综合绩效评价体系，并详细解释各级指标的具体测算方法和数据来源，提出了进一步的研究方向和相关对策建议。张绍乐（2017）以经济基础条件、对外开放程度、公共政策环境、辐射带动效应为一级指标构建自贸区综合发展水平影响因素评价指标体系，并以中国（河南）自由贸易试验区（以下简称河南自贸区）为例，采用 AHP 法对其综合发展水平影响因素进行评价。林涛和杜思贤（2018）通过对南沙自贸区经济基础、金融便利化、制度便利化、合作便利化等维度创新程度进行测算，专业性地给出四个方面的具体建议，以便加深加强对自贸区的创新程度和力度。

（三）简要评述

通过对上述的文献综述进行回顾，本书认为，现有的相关研究成果具有以下特点和不足。

其一，指标体系研究均是先对自贸区的各个领域进行划分，然后在相应的基础之上进行一、二、三级指标的构建，逐渐使之形成一个完整的指标体系。国内外对经济、政治、生态、科技等领域指标评价已形成相对完整的理论框架，其分析结果也已运用到各行各业的问题改善当中，但是自贸区研究，尤其是自贸区模式的指标体系构建与评估还处于初级研究阶段，数据的全面性、指标的可比性、评估结果的实际运用价值判断均是研究该类问题需要首要解决的问题。

其二，国内外发展指标体系评价多采用经济学、社会学、地质学等专业指标和对应的评估方法，国内外自贸区指标研究因数据受限等，大多采用多决策评估方法，如主成分分析法、AHP 法、模糊评价法等，大多存在主观性，现阶段研究应当采用更为专业的统计评价方法，组合运用主客观评价方法是评估自贸区运行状态的必要手段。

其三，近期国内学者对自贸区的发展评估只是对自贸区某一行业影响因素的研究，或对自贸区政经人文某一维度的评价与分析，对于影响自贸区发展水平因素的探索及评估方法还处于分裂式研究水平。纵观国内外自由贸易研究，大多只是通过对某些行业，如物流、金融、银行等具体数据做初级分析，自贸区的评价不能简单割裂成几大领域，应全面评估，构建相对详尽的指标体系，分析时也应综合评价。

第二节 构建方式和原则

习近平总书记在出席亚太经合组织第二十三次领导人非正式会议期间坚定表示："中国开放的大门永远不会关上！[①]"开放是中国经济发展的秘诀之一，也将为中国全面建成小康社会贡献力量。"十三五"规划建议亦指出，"开放是国家繁荣发展的必由之路。必须顺应我国经济深度融入世界经济的趋势，奉行互利共赢的开放战略[②]"。必须坚持打开国门搞建设，既立足国内，充分运用我国资源、市场、制度等优势，又重视国内国际经济联动效应，积极应对外部环境变化，更好地利用两个市场、两种资源，推动互利共赢、共同发展。而在国家大力发展自贸区的大势下，更新完善或构建的统计指标与指标体系要具有更强的国际可比性，不断适应世界发展的新要求。

因此，为了体现自贸区"引导和转变发展观念、创新激励发展思路"这一最重要的特点，在自贸区的统计指标及指标体系创新上，本书秉承前人的研究方法与构建原则，根据自贸区自身的发展特色与实际情况积极推陈出新，对原有的统计指标及指标体系进行完善和拓展，同时，加大各领域的统计指标创新力度，尤其是金融、跨境贸易、政府绩效等方面的统计指标创新已迫在眉睫。

本书收集了国内外主流的衡量地区综合发展的统计指标体系，并对其进行了分析和选择，本书研究综合了我国现有各个自贸区所公布的统计指标、我国主要自贸区第三方评价指标体系、中国统计学会公布的综合发展评价指标体系及世界银行公布的全球营商环境评价体系，在此基础上进行提炼、综合、改进和创新，所选指标保证了导向性、前瞻性、开放性、可操作性、公认性和国际可比性原则，尽可能地实现了该指标体系的完整和可靠。在数据获得方面考虑到我国自贸区统计现状，所采用的指标均为国内外主流统计指标，以降低该指标体系在实际应用中的成本限制。

在指标体系建立的过程中除了要遵循指标体系建立的一般原则，还要结合自贸区自身特点遵循以下原则。

（1）系统性和全面性原则。自贸区政策对自贸区发展的影响指标体系必须能

① 中国开放的大门永远不会关上，http://www.gov.cn/xinwen/2015-12/05/content_5020204.htm[2015-12-05]。

② 中共中央关于制定"十三五"规划的建议，http://www.gov.cn/xinwen/2015-11/03/content_2959432.htm[2015-11-03]。

全面反映各个方面的影响因素，应具有层次高、涵盖广、系统性强的特点。影响因素既包括基础建设还包括软件实力，这些影响因素相互联系、相互作用，因此必须尽可能地分明同层次界限的指标，表现出较强的系统性。同时也要明确地、完整地、科学地、系统地解释评价体系中的每一个指标所具有的实际内涵，科学地、系统地考虑指标的选择、指标权重设计和计算方法。

（2）科学性原则。评价指标体系要建立在科学分析的基础上，是理论结合实际的，是对客观实际进行描述的，关键在于能够准确把握自贸区政策对区域发展影响的各个方面，理论清楚、概念明确、计算范围确切。科学性可以使指标体系的动态性和稳定性相结合、定性和定量相结合。

（3）可操作性原则。指标系统并非越大越好，好的评价体系必须具备很强的可操作性。指标应易于测量与计算，保证数据的准确性、真实性、严谨性、客观性和可靠性，选取含义明确、计算方法简单的评价指标。尽可能简化重复的指标，对结果产生影响微乎其微的指标尽量减少或删除，保证指标体系具有较强的操作性。

（4）发展性原则。自贸区政策对区域的影响是一个动态发展的过程，就必须遵循发展性原则，确保指标体系具有发展性和在明确的目标指导下进行。不仅要考虑新阶段的情况，还要考虑长期的战略规划和自贸区区域发展的潜在影响力，这样才能反映指标体系的长期发展优势。

（5）重要性原则。选取指标时应考虑自贸区对区域发展方面的重要指标，即对自贸区发展建设产生重要影响的指标。不同的指标反映要素的不同侧面和内容特征，要严格区分主次，突出影响程度高的指标。

第三节　研究思路、主要内容

一、研究思路

本书研究的核心内容是自贸区相关统计指标的构建，以及对中国自贸区统计指标体系进行评价分析。通过国际认知的自贸区概念、自贸区类型，结合自贸区经济理论基础，对国内外自贸区在制度创新、投资贸易机制、营商环境、政策管理机制、事中事后监管制度、港航物流模式等方面的比较进行理论整理和分析，运用图表结合的方式形象地介绍中国各自贸区不同战略定位及相关统计工作的执行现状（包括中国自贸区截至2018年所公布的统计指标和中国主要自贸区第三方评价指标体系），着重论述中国综合发展评价指标体系和世界银行全球营商环境指标体系的设计方式方法。在此基础上，初步构建中国自贸区创新型统计指标体系。

本书构建的创新型统计指标体系主要从两个方面展开：自贸区基础指标体系和自贸区专项指标体系。先介绍相关指标的含义与统计方式方法，在分析综合评价法的优劣时，选用 AHP 法对自贸区创新型统计指标进行初步的实证分析，再选用熵权评价法、改进的 TOPSIS 法及 Hsiao 法（面板数据政策效应评估法）对自贸区经济、生态、科技、对外贸易等方面进行更加细致的探索分析。

二、研究内容

第一章：绪论。首先介绍本书的研究背景及意义，其次从国际和国内、时代和历史等不同角度阐述自贸区承载的战略任务和体现的战略价值等，最后介绍本书主要内容和创新之处。

第二章：自贸区相关概念辨识。在梳理不同国家不同类型自贸区的整体发展脉络的基础上，结合自贸区经济理论介绍自贸区的相关定义、定位类型、制度创新等方面内容，对国内外自贸区发展制度的不同层面由浅入深地进行整理和分析，为构建统计指标体系提供理论支持。

第三章：中国自贸区建设与发展。一方面介绍中国各自贸区不同战略定位，表格对比的呈现方式使读者更加明确地了解该内容，另一方面通过简单整理我国截至 2018 年已建立的 12 个自贸区的建设现状、总体方案和专项特色，进一步提出指标体系构建的主要构建模块，介绍相关建设工作的发展水平和执行现状。并根据发展现状提出本书对自贸区未来发展方式和方向的看法。

第四章：中国自贸区统计指标体系构建依据。本章着重论述中国综合发展评价指标体系和世界银行全球营商环境指标体系，两体系为本书选取指标和指标数据获取方式提供了很多借鉴；简单介绍了中国四大自贸区统计指标体系研究和已公布的第三方指标体系，在构建指标体系的模块构造和框架创建方面奠定了基础，为构建统计指标体系提供相关支持。

第五章：自贸区创新型统计指标体系评估方法研究。本章介绍了九种评估方法，分别从主观评价［AHP 法、DEMATEL 法、博弈论（game theory）］、客观评价（熵值法、HDI 法、分绩效贡献率法、TOPSIS 法）、大数据方法（神经网络法）和最新研究方法（"反事实"法）等不同方法介绍在指标评估方法上的优劣，体现统计专业的应用性。

第六章：中国自贸区统计指标体系的构建。本章主要介绍自贸区基础指标设计和专项指标体系的构建过程，对各项指标的含义进行解读，从指标的内涵和选取方法角度进一步说明了自贸区指标体系构建的创新之处和现实意义。

第七章：自贸区评价统计指标体系初步探索。本章先运用 DEMATEL 法对自贸区统计指标体系进行初步排序和初步分析。再用 AHP 软件得到指标相应权重，两种方法结合排序结果使得构建的指标体系更具有适用性。多方面地对中国自贸区统计指标进行定量分析和综合评价。

第八章：自贸区统计指标体系细致探索。本章对研究的自贸区统计指标体系中经济、生态、科技和对外贸易分别进行更为细致的研究。采用熵权法、改进的 TOPSIS 法和 Hasio 法对中国自贸区统计指标中经济、生态、科技和对外贸易进行定量分析。本章在选取样本时，考虑到上海自贸区、广东自贸区、天津自贸区、福建自贸区已创建多年，具有相应的研究数据和趋势对比性，因此在评价指标体系中经济、生态、科技影响因素方面选取四大自贸区作为研究对象，分析其发展趋势及横纵向对比；而在研究对外贸易指标体系上，选取福建自贸区为分析对象，通过对比福建与 20 个省份对外贸易的政策效应，构建对外贸易指标体系的"反事实"模型，并做相应的政策效应图和稳健性分析。

第二章 自贸区相关概念辨识

本章着重讨论自贸区涉及的相关概念及其理论基础。首先是梳理相关理论和概念，对自贸区定义、类型及其区别进行描述比较，着重强调自贸区设立的基础经济理论，侧面说明自贸区政策与国家经济发展的相应关系，强调经贸规则的变化给自贸区带来的影响，使读者能一眼观全局；其次是分析国内外不同自贸区在制度上运行方式、发布政策的不同，初步了解自贸区制度创新时主要模块运行方式，比较不同类型、不同国家自贸区在制度上的特色政策；最后是研究与自贸区制度相关的其他概念，着重说明其与自贸区统计指标体系构建的重要相关关系。

第一节 自贸区初认知

一、自贸区的定义

国际自贸区可简单分为两种。一种是国外常见的双边或多边的自贸区，指两个或两个以上国家或地区通过签署自贸协定，在 WTO 最惠国待遇基础上，相互进一步开放市场，分阶段取消绝大部分货物的关税和非关税壁垒，改善服务业市场准入条件，实现贸易和投资的自由化，从而形成促进商品、服务和资本、技术、人员等生产要素自由流动的"大区"，如北美自贸区等。另一种是国内的自贸区，它起源于类似于世界海关组织的前身——海关合作理事会于 1973 年订立的《京都公约》，该公约将其解释为"自由区系指缔约方境内的一部分，进入这一部分的任何货物，就进口税费而言，通常视为在关境之外，并免于实施通常的海关监管措施。有的国家还使用其他一些称谓，如自由港、自由仓等[①]"，指的是一国的部

---

① 《商务部 海关总署关于规范"自由贸易区"表述的函》，发布文号：商国际函〔2008〕15 号，发布日期：2008-05-09。

分领土，在这部分领土内运入的任何货物就进口关税而言，被认为在关境以外，并免于实施惯常的海关监管制度。本书提到的国内自贸区（上海、天津、广州和福建等），符合自由贸易园区特征（表2-1）。

表2-1　国内外自贸区定义

	对比项目	国外自贸区	国内自贸区
不同点	设立主体	多个主权国家（或地区）	单个主权国家（或地区）
	区域范围	两个或多个关税地区	一个关税区内的小范围区域
	核心政策	贸易区成员之间贸易开放、取消关税壁垒，同时保留各自独立的对外贸易政策等	海关保税、免税政策为主，辅以所得税税费的优惠等投资政策等
	法律依据	双边或多边协议	国内立法
相同点		两者都是为降低国际贸易成本，促进对外贸易和国际商务的发展而设立的	

资料来源：上海财经大学自贸区研究院（2015）

　　自贸区是区域经济一体化中最为重要和普遍的一种形式，国内外学者针对区域经济一体化合作水平和开放程度的不同，将其划分为多种形式，其中最为主流的划分是根据区域经济一体化市场融合情况和自由化水平的高低，从高到低划分为六类：完全的经济一体化、经济同盟、共同市场、关税同盟、自贸区和优惠性贸易安排。由此可知，自贸区是自由化水平和开放程度较低的一种类型，但却是当今发展最迅速和最普遍的一种区域经济一体化形式。

　　中国自贸区服务网公布的数据显示，截至2018年3月11日，我国已经签署自贸协定的自贸区有16家，涉及24个国家和地区[①]。而我国截至2018年已开放了四批12家自贸区，我国自贸区突破了以往自贸区的原产地规划限制，对全球各经济体一视同仁，已经成为国内开放程度和层次最高、优惠政策最多、制度创新和优惠功能最全的一种海关特殊监管区域类型。

　　国内外自贸区定义不同，核心政策和法律依据也大不相同，因此在选择统计指标时既需要指明差异，又要规避这些差异给统计结果造成严重影响，尽可能增强所选统计指标的国际横向可比性。

二、自贸区的类型

　　以主要功能特点划分，自贸区可分为：自由港型、转口集散型、贸工综合型、出口加工型、保税仓库型、商业零售型和自由边境区型等。如表2-2所示。就功能而言，世界自贸区的功能设定是根据区位条件和进出口贸易的流量而确定的，并

---

　　① 中国已签16个自贸协定 涉及24个国家地区, http://fta.mofcom.gov.cn/article/fzdongtai/201803/37337_1.html [2018-3-11]。

且随着国内外经济形势的发展而调整和发展。其中转口集散型是指自贸区利用优越的自然地理环境从事货物转口及分拨、货物储存、商业性加工等。贸工综合型，这类自贸区以从事进出口贸易为主，兼搞一些简单的加工和装配制造，在发展中国家最为普遍。出口加工型这类自贸区主要以从事加工为主，以转口贸易、国际贸易、仓储运输服务为辅。保税仓储型指自贸区主要以保税为主，免除外国货物进出口手续，较长时间处于保税状态。就性质而言又可分为：商业自由区和工业自由区。前者不允许货物的拆包零售和加工制造；后者允许免税进口原料、元件和辅料，并指定加工作业区加工制造。

表 2-2　世界自贸区的主要类型

类型	主要功能	代表港口
自由港型	主要功能是装卸、储存、包装、买卖、加工制造等，其特点是对进口的外国商品原则上不征税	典型自由港型自贸区如新加坡自贸区、我国的香港自贸区等
转口集散型	以港口装卸、货物储存和转运为主	该类型自贸区如汉堡自由港、不来梅自由区、马赛自由区、巴拿马科隆自贸区等
贸工综合型	主要功能包括国际贸易、简单加工和制造	目前世界上的自贸区多数属这种类型
出口加工型	主要功能以出口加工为主，以国际贸易和储运服务功能为辅	多分布在亚太地区，主要从事以出口为导向的制造业
保税仓库型	主要是发挥保税功能，境外货物不必办理进口手续即可长时间处于保税状态，可以进行再包装、混合、处理、分级、挑选等业务	荷兰阿姆斯特丹港
商业零售型	该类自贸区允许从事展示和零售业务	智利伊基克自贸区
自由边境区型	墨西哥马魁拉多拉边境工业区是该类自贸区的典型	墨西哥是设置自由边境区最多的国家，利用其靠近美国的区域特点，发展出口加工业

我国自贸区大都建立在保税区的基础上，尽管保税区与自贸区都起到类似自由港的作用，但在开放程度、功能设计及监督管理等方面还存在着较大区别。与国内保税区相比，自贸区的最大特色是"境内关外"的特殊海关监管制度，即"一线放开，二线管住"。"一线"是指自贸区与国境外的通道口，"一线放开"是指境外的货物可以自由地、不受海关监管地自由进入自贸区，自贸区内的货物也可以自由地、不受海关监管地自由运出境外；"二线"则是指自贸区与海关境内的通道口，"二线管住"是指货物从自贸区进入国内非自贸区，或货物从国内非自贸区进入自贸区时，海关必须依据本国海关法的规定，征收相应的税收。

目前，国内正在积极建设的内陆自贸区主要有重庆、陕西、河南等，借鉴先发地区的自贸区发展经验，并结合地区优势，我国内陆地区自贸区可先采取出口加工型或转口集散型的建设模式，在贸易结构日趋合理、自贸区功能建设日渐完善的情况下，再逐步向综合性自贸区演化。从现在的经济发展程度来看，内陆地区的对外贸易中加工贸易所占比例仍然较高，出口加工或转口集散仍是主要贸易方式。内陆自贸区建设可全面发展港口作业、中转、国际配送、国际采购、转口贸易、出口加工等业务，构建空港、水港、铁路港三港合一的自贸区平台。在自贸区具备了集散功能以后，建立商品展示、离岸贸易、离岸金融、期货保税交割等功能，同时以消费保税为特征，改变内陆仅有保税物流、保税加工而没有保税消费的被动局面，避免出境购物带来的税收流失、就业流失和相关产业损失。

三、自贸区的政府管理体制

本书作者成员前期曾从政府管理体制的研究入手对国外自贸区理论进行过研究。政府管理体制，实际上是指政府对自贸区行使管理职能的组织形式和管理方法，具体包括管理机构的设置、机构之间的职权划分及相互关系等内容。自贸区的政府管理既包括宏观管理（中央政府对自贸区的管理）和微观管理（自贸区内部的管理），见图2-1。

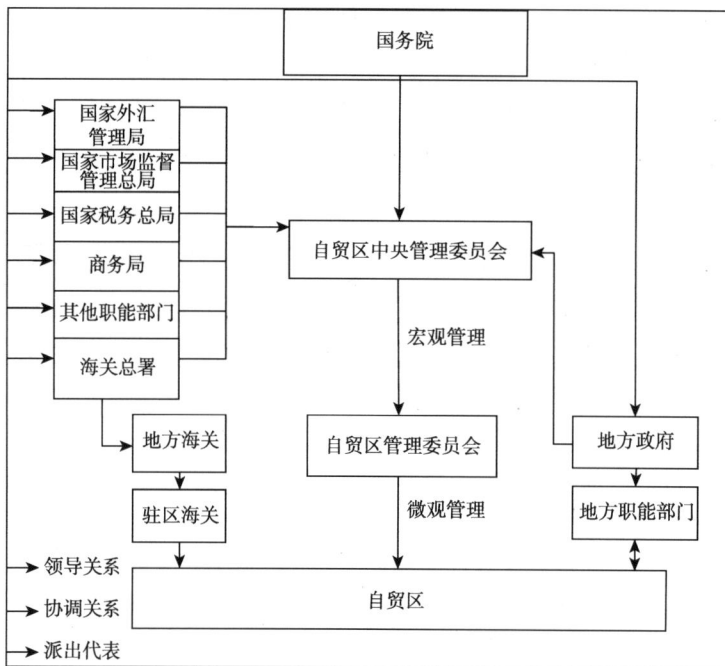

图 2-1　自贸区整体管理框架图

　　宏观管理体制（图2-2）：自贸区的中央政府管理体制是区所在国中央政府为实施对自贸区的管理而形成的组织结构形式。自贸区的政府管理体制中，从中央政府管理层面来看主要可以分为两种类型：专管型和代管型。专管型指在实行自贸区专管体制的国家里，在自贸区的所在国的中央政府为实施对自贸区的管理而成立了专门从事自贸区事务管理的独立机构。这个独立的自贸区管理机构负责有关自贸区的宏观决策、宏观调控，同时是对自贸区的发展进行监督和协调的最高行政机构。例如，美国在中央管理层面就是实行的专管体制。美国的国际贸易委员会就是美国全国对外贸易区的管理机构。而所谓的代管型就是说，自贸区所在国的中央政府内没有一个专门从事自贸区事务管理的独立行政机构，政府将对自贸区的管理权委托给一特定政府职能部门来执行管理权的这样一种管理体制。代管体制的管理形式在新兴国家和发展中国家较为常见，原因可能在于这些国家的自贸区形成的时间较晚，而且往往是国家推进外向型经济发展战略的重要组成部分，所以，它们就大多被就近划归到掌管经济发展或对外贸易的部门进行管理。这在很大程度上也可以避免机构设置的膨胀（李奇，2009）。也有观点认为，代管体制与专管体制相比可能在管理的权威性及协调的有效性上存在一些不足，因为自贸区的事务可能涉及多个职能部门利益。

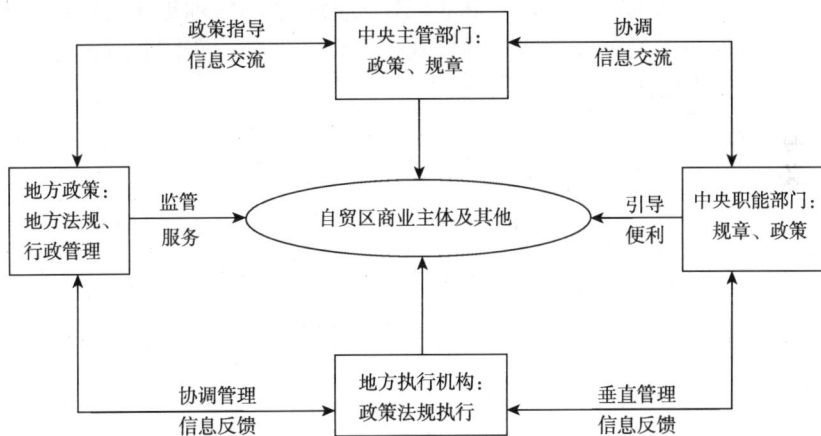

图2-2　宏观管理分工合作示意图

　　国外自贸区设立属于国家行为，一般都设立专门机构负责宏观管理与协调，具有权威性。在宏观管理方面，我国目前还未设立中央层面的自贸区专门管理机构。但从未来的自贸区的发展前景来看，采用发达国家常用的专管型模式将有利于我国自贸区的管理和发展。

　　微观管理体制（图2-3）：政府除了从宏观上对自贸区进行必要的管理和协调外，它还得依靠自贸区内的管理机构完成必要的行政管理和经济管理活动。根据区内管理机构的性质、权限划分及管理方式，可以将自贸区内的管理体制划分为以下三类：政府主导型、企业主导型和混合型。实行政府主导型管理模式自贸区的区内管理机构一般由地方政府（或其派出机构）、所在地区的地方海关部门或港务局直接承担，它们全权负责区内的一切事务。在这种管理体制下，管理机构的职责具有双重性，不仅行使行政审批、土地规划、土地协调等行政职权，还负责资金筹措、开发建设等具体经营事务，开发公司基本上没有自我决策权。这种管理体制的优点在于具备较强的权威性，能够调动大量资源进行自贸区的开发和建设，在一定程度上也可以通过其相对简化的机构的优势来提高办事效率，改善区内的投资环境。例如，韩国的马山出口加工区及我国台湾地区的高雄出口加工区就采用过这种管理模式。企业主导型的自贸区内不设立专门政府管理机构，而是由政府通过法律途径授权一家专业管理公司，专门从事区内的开发建设和经营管理工作，同时代行部分行政管理职能，并提供投资服务。例如，纽约1号对外贸易区的经营者为一家私营仓库有限公司。这种管理模式的优点在于可以充分利用社会资源，节约政府管理成本，较为灵活、高效。这种管理模式较适用于市场化运作较为成熟，或者范围较小、功能和产业相对单一的自贸区。例如，西欧和美国的一些自贸区就采取这种类型的管理模式。混合型实际上是一种介于政府主导型和企业主导型之间的模式，它既非纯粹的企业化的管理也非纯粹的政府化的管理，而是政府主导模式和企业主导模式的混合。例如，美国和欧洲的部分自贸区都施行这种管理模式。

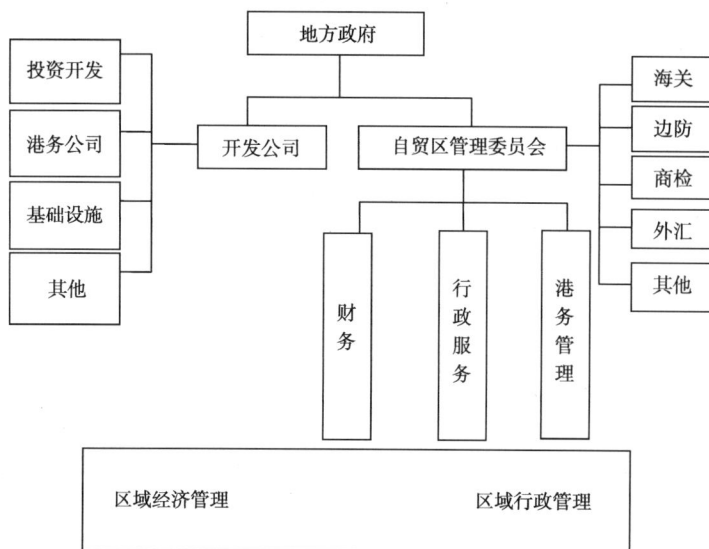

图 2-3　微观管理运营框架图

我国内陆自贸区可施行混合型管理模式。我国内陆自贸区在空间分布、空间跨度上与沿海自贸区有显著的不同。一方面，空间大、跨度广使得内陆自贸区难以通过单一部门进行统一调控与协调，尤其随着我国内陆自贸区建设数量的不断增加，由中央政府管理部门直接管理的劣势会不断显现。另一方面，由于我国地缘广阔，各地的经济发展水平、经济特色也各不相同，因此地方政府的直接管理更符合内陆自贸区凸显地方优势和特色的建设和发展要求。内陆自贸区的管理应采取"中央政府—地方政府—企业园区管理机构"的三级管理体制，即中央政府管理部门授权建设、宏观管理，但在具体的企业园区建设上委托地方政府直接管理，地方政府设立自贸区管理机构维持园区的日常运行。同时，地方政府在负责园区经营的同时，还具备一定行政职权，弥补了专业公司为主体的公司主导型管理在权威性方面的不足，进一步让地方政府参与到自贸区建设运营中，充分调动地方政府参与自贸区建设的积极性。

自贸区微观管理体制是由自贸区所在地方政府协调相关机构，执行中央政府部门制定的各项政策。在地方层面的管理中，我国自贸区管理层级大都为 2 到 3 级，均设有省级层面领导小组和片区层面的管理委员会，但管理职责较为模糊，大多表述为"全面负责管理管辖范围内的行政事务"。为避免上述问题的出现，我国自贸区可以借鉴国际经验，实行政企分开的混合型微观管理模式，也就是区内的微观管理分为区域行政管理和区域经济管理两部分。

就发达国家和发展中国家而言，自贸区在管理体制方面也都呈现了上述不同类型的特点，见表 2-3。

表 2-3 发达国家和发展中国家自贸区管理体制主要特点

自贸区管理体制	发达国家	发展中国家
国家立法	有	有
宏观管理体制	专管型	代管型
微观管理体制	企业主导型	政府主导型
管理方式	仅就特殊区域内不同于区外一些特殊性问题辅之以最低限度的行政管理	借助管理体制一体化和管理工作一元化对区内一切事物进行管理、指导、监督、协调

由表 2-3 可见，自贸区的管理体制与国家的经济发达程度和法治化程度密切相关。发达国家的自贸区管理体制是相对弱化的行政管理体制，政府干预的痕迹不深。而发展中国家的自贸区管理体制，是相对强化的行政管理体制，政府普遍给予这一特殊区域以极大的关注。但是两种管理体制都表现出机构精简、分工明确、高效率、低成本的共性。

四、自贸区经济理论基础

关于自贸区经济理论研究涉及较多，作为了解自贸区设立原因、明晰国家设立自贸区符合的经济内涵之用，本节将简单介绍相关经济理论基础。

（一）区域发展不平衡理论

区域发展不平衡理论是以赫希曼为代表提出的，他认为，区域平衡发展理论是建立在经济发展平衡的基础上的，而该理论在现实中是缺少实用性的。发展中国家就应该集中有限的资源和资本，优先发展少数主导部门，该理论遵循了经济非均衡发展的规律，突出了重点产业和重点地区，有利于提高资源配置的效率。这个理论出来以后，被许多国家和地区所采纳，并在此基础上形成了一些新的区域发展理论，如增长极理论，库兹涅茨曲线（Kuznets curve）理论和梯度转移理论。

法国经济学家佩鲁首先提出的增长极理论——一个国家经济发展不平衡的理论。该理论认为经济增长不能同时发生在一个国家的每个地区，而是集中分布在一些积极点或生产点上，这些点便叫作经济发展中的增长极，这些增长极将在经济活跃地发展之后出现并通过扩散效应引导周边地区或者其他部门成长。而后，瑞典经济学家缪尔达尔、美国经济学家弗里德曼等又进一步在不同程度上丰富与发展了这个理论。增长极理论就应用在区域经济理论和规划开发方面。

区域经济发展的库兹涅茨曲线理论，又称倒 U 曲线理论，是指在工业化的过程中，由于各个地区之间的区位优势不同，资源禀赋不同，经济基础差异甚大，各种生产要素必然向平均利润率高的地区转移和积聚，导致区域之间经济发展水平差距拉大。当发达地区的工业化水平达到一定程度之后，由于其滴落效应和扩散效应，发达地区生产要素价格的上涨，平均利润率降低，而欠发达地区的生产要素成本低的优势会逐步显现出来，加之政府的引导，生产要素会向欠发达地区转移，促进经济增长，缩小区域之间的发展差距。

梯度转移理论，源于弗农提出的工业生产的产品生命周期理论。后又经区域经济学家将该理论引入区域经济学中，此时的梯度转移理论认为，区域经济的发展取决于其产业结构的状况，而产业结构的状况又取决于地区经济部门，特别是其主导产业在工业生命周期中所处的阶段。如果其主导产业部门由处于创新阶段的专业部门所构成，则说明该区域具有发展潜力，因此将该区域列入高梯度区域。该理论认为，创新活动是决定区域发展梯度层次的决定性因素，而创新活动大都发生在高梯度地区。随着时间的推移及生命周期阶段的变化，生产活动逐渐从高梯度地区向低梯度地区转移，而这种梯度转移过程主要是通过多层次的城市系统扩展开来的。

我国地域广阔，各地经济发展状态不一，执政方式因地制宜，这种情况决定了其经济不可能均衡发展，因而引入区域发展不平衡理论更能贴切地指导我国的经济发展。我国将经济效益好、开放程度高和科技水平高的区域作为增长极或高梯度区域，通过辐射效应来带动周边地区经济发展。中国建立自贸区、保税区、经济特区与海关监管特殊区域，都是顺应经济基础理论，与中国国情结合运用的科学执政。

（二）区域经济一体化理论

区域经济一体化也称"区域经济集团化"，是指同一地区的两个以上国家在平等互利的基础上，为谋求该地区的共同利益联合起来，彼此自愿约束自己的部分经济主权甚至逐步让渡部分或全部经济主权，通过签订协议、规章组建国际调解组织和实体，使资源在成员国内实现优化配置，实现产业互补，采取共同的经济政策并形成排他性的经济集团的过程。自贸区就是较为典型的区域经济一体化理论的实践类型。

（三）区域开发理论

区域开发是指为实现区域发展目标而进行的一系列经济开发活动，包括开发形式战略、采取的相应措施及国家实行的相关政策。任何一个区域，在资金资源有限的情况下，要实现结构平衡、空间均衡及收入分配平衡的目标，必须采取非均衡增长的区域开发战略。而选取重点开发区域的条件主要有：自然资源丰富、交通条件便利、基础设施完善、经济发展潜力较高，未来发展对整个国家影响力较大。区域开发模式从开始的点线模式逐步发展至立体开发模式和优势区位开发模式。现阶段，我国自贸区建设将呈现"1+3+7+1"①区域开发模式和点、线、面相结合的渐进式扩大开放的可复制传导机制。

（四）空间经济学发展理论

空间经济学发展理论将空间分析的思维带入区域经济分析之中，促进了区域经济学的形成，从而完成了从传统的区位理论向系统化、标准化的区域经济学科的蜕变，使区域经济学日益成为规范的空间分析经济学。该理论的杰出代表有迈克尔·波特的"钻石模型"、克鲁格曼的集聚经济学及阿瑟和维纳布尔斯的新集聚经济学。

波特的"钻石模型"由四个基本因素构成：一是要素条件，二是需求条件，

---

① "1"为第一批上海自贸区成立；"+3"为第二批广东、天津、福建 3 个自贸区成立；"+7"为辽宁、浙江、河南、湖北、重庆、四川、陕西 7 个自贸区成立；"+1"为海南自贸区成立。

三是相关产业及支撑产业，四是企业的战略、结构和竞争对手，还有机会和政府两个附加要素。他强调只有在每一个要素都积极参与的条件下，国家发展才能有机地组成一个"钻石模型"构架，创造出企业发展的环境，促进整个产业的发展。而国内竞争的压力和地理集中是使整个"钻石模型"构架组成一个系统的必要条件。国内市场竞争压力可以提高国内其他竞争者的创新能力；地理集中将使四个基本因素整合为一个整体，从而更容易相互作用和协调提高。该模型对国家竞争力的规范解释是国家设立自贸区后如何规划产业、提高竞争力、引导开发高级要素和专业要素的科学指导办法。

五、自贸区成立特征

国内外设立的著名自贸区一般都具有以下四条基本特征。

（1）自贸区的设立属于国家行为。自贸区受所在政府管辖，是当地政府为促进经济全面发展的一个有机组成部分，其主管部门受国家控制，对政府负责。

（2）自贸区"境内关外"特殊海关监管制度。在这里指的是"一线放开，二线管住"制度。

（3）自贸区区内自由、高度开放。自贸区的开放性集中体现在三个方面：贸易自由化、投资自由化、金融自由化。

（4）自贸区功能突出、定位明显。不同的自贸区都有其不同的作用，国家按照经济政治形势的不同设立不同功能的自贸区。其功能也主要集中于国际贸易、出口加工、仓储展示、物流分拨、制造业和服务业产业发展及金融服务等方面。

自贸区成功运行的内在条件，即自贸区自身所持的竞争优势，包括地理区位优势、基础设施建设优势、优惠政策优势三方面。其中，区域位置、基础设施可能会影响自贸区的设立，优惠政策则是自贸区存在与发展的前提和成功运作的必要条件。自贸区成功设立的外在条件，即国内外复杂多变的政治经济形势（上海财经大学自贸区研究院，2015）。

第二节　自贸区发展制度初步介绍

一、国内外知名自贸区制度对比

从自贸区的定义来看，我国自贸区符合自由贸易园区的特征，采取"境内关外"的特殊海关监管制度，即"一线放开，二线管住"。国际上巴拿马科隆自贸区、德国汉堡自贸区、美国纽约港自贸区与我国设立的自贸区类型相同，在此本书选择中国上海自贸区、中国香港自贸区、巴拿马科隆自贸区、美国纽约港自贸区、德国汉堡自贸区等几个典型自贸区进行对比分析，见表2-4。

表2-4　国内外知名自贸区制度对比

自贸区名称	制度对比
中国上海自贸区	①贸易投资领域，开放采用"负面清单"管理模式和准入前国民待遇 ②产业发展领域，以国际贸易、金融服务、航运服务、专业服务和高端制造五大产业为导向，提升园区服务业比重 ③改善自贸区内行政管理体系，使其与国际高标准贸易和投资规则相适应；政府管理将由注重事先审批转为注重事中事后监管 ④加快金融制度创新。可在区内对人民币资本项目可兑换、金融市场利率市场化、人民币跨境使用等方面创造条件进行先行先试。在区内实现金融机构资产方价格实行市场化定价。探索面向国际的外汇管理改革试点，建立与自贸区相适应的外汇管理体制
中国香港自贸区	①贸易投资领域，实行自由贸易制度和企业自由经营制度，如不设置关税壁垒，进出口手续简政放权，外来船舶免办进港申请及海关手续，豁免港口行政费 ②产业发展领域，推动文化及创意产业、创新科技、检测和认证、环保产业、医疗服务、教育服务等六项有明显优势的产业的发展 ③采取自由的金融政策，实行自由外汇制度，形成了以外资银行为主体、以进出口贸易为主要服务对象的银行体系
巴拿马科隆自贸区	①贸易投资领域，货物进口自由，无配额限制，对进出商品控制很少，豁免关税的范围相对较宽。注册公司手续简便、审批快 ②产业发展情况，主要产业为金融、贸易与物流、会展 ③政策稳定，区内管理非常严密。当地政府专门立法给予保证和优惠，投资者有法律保障。该区采取的安全措施也优于非洲其他很多自贸区 ④本国货币仅为辅币，其合法货币为美元。贸易结算也使用美元。在巴拿马的银行存款不纳税，无外汇管制，利润汇出汇入自由
美国纽约港自贸区	①市场准入上，任何国外或国内的商品，皆不受美国海关法的限制而进入自贸区。国际贸易活动均可在区内开展，货物进入自贸区不受配额的限制。自贸区的货物可以24小时无限制地通过海关 ②产业发展：主要进行货物中转、自由贸易，外国货物出港业务 ③分区制度：允许建立自贸区的分区，作为减少大型生产加工企业成本的辅区，同时便利了大中型加工制造业在区内落户 ④在区内放松金融管制，实行金融自由化。放宽或取消对银行支付存款利率的限制；减少或取消对银行贷款规模的直接控制，允许业务交叉

自贸区名称	制度对比
德国汉堡自贸区	①贸易便利化：船只从海上进入或离开自由港驶往海外无须向海关结关。凡进出或转运货物在自由港装卸、转船和储存不受海关的任何限制。货物只需从自由港输入欧盟市场时需向海关结关 ②产业分布：货物商业性加工、物流（货物集散转运）、船舶建造、金融、保险、商贸、中介等第三产业和服务贸易发展上成效显著 ③金融自由，外汇交易均不做限制，如外汇兑换自由、资金进出和经营自由；投资自由，如雇工、经营自由，无国民与非国民待遇之分等

对表 2-4 中具体项目进行细致对比，虽然国内外各个自贸区类型不同，但其重点发展的产业和发展方向类似，主要以进出口、加工贸易和金融领域为主。

从国际可比性角度来看，要使自贸区统计指标体系具有全面性，就需要在国际通用的指标体系中选取，针对世界各大自贸区普遍存在的重点领域和发展方向进行提炼，因此在世界银行公布的营商环境报告指标体系中选取指标是具有重要意义的。

二、国内自贸区制度创新

2013 年 9 月国务院批准通过的《中国（上海）自由贸易试验区总体方案》提出：要探索建立投资准入前国民待遇和负面清单管理模式，深化行政审批制度改革，加快转变政府职能，全面提升事中、事后监管水平。要扩大服务业开放、推进金融领域开放创新，建设具有国际水准的投资贸易便利、监管高效便捷、法制环境规范的自由贸易试验区，使之成为推进改革和提高开放型经济水平的"试验田"，形成可复制、可推广的经验，发挥示范带动、服务全国的积极作用，促进各地区共同发展。[①]

2018 年 10 月 16 日，国务院发布关于同意设立中国（海南）自由贸易试验区（以下简称海南自贸区）的批复，《中国（海南）自由贸易试验区总体方案》（以下简称《方案》）正式出炉。根据《方案》提出的目标，"到 2020 年，自贸试验区建设取得重要进展，国际开放度显著提高，努力建成投资贸易便利、法治环境规范、金融服务完善、监管安全高效、辐射带动作用突出的高标准高质量自贸试验区，为逐步探索、稳步推进海南自由贸易港建设，分步骤、分阶段建立自由贸易港政策体系打好坚实基础"。[②]

---

① 国务院，《国务院关于印发中国（上海）自由贸易试验区总体方案的通知》，国发〔2013〕38 号，2013 年 9 月 18 日。

② 国务院，《国务院关于印发中国（海南）自由贸易试验区总体方案的通知》，国发〔2018〕34 号，2018 年 10 月 17 日。

自贸区的成立，为服务业、制造业、金融业、物流业等产业的深化改革和发展带来了新机遇，也为自贸区所在地的经济发展提供动力、消除壁垒。从四大自贸区的制度创新改革中分析评估自贸区发展的影响因素。如表 2-5 所示。

表 2-5　中国四大自贸区制度创新对比

自贸区名称	制度创新发展情况
上海自贸区	投资管理制度——负面清单管理、前国民待遇准入、投资审批备案制 贸易监管制度——原产地规则、无纸化制度、集中报关跨境电商平台、商检制度、海关监管制度（先进区后报关分批次进出集中申报） 金融创新制度——分账核算系统、自由贸易账户 事中事后监管制度——一线放开、二线管住、证照分离
广东自贸区	投资管理制度——负面清单管理、"一口受理、统一在线申报、后台并联审核"的外资准入管理模式、智能化企业纳税平台 贸易监管制度——国际贸易单一窗口、"互联网+易通关"、质检口岸平台建设、国际海关经认证的经营者（authorized economic operator，AEO）制度 金融创新制度——五跨境制度、"三位一体"航运金融服务体系、全国融资租赁"第三极"服务系统 政府监管制度——全链条闭合式智能监管、信用监管体系、警务预警平台 人才引进制度——外籍人才评分制度、港澳人才引进制度
天津自贸区	投资便利化制度——统一行政审批机构、"一照一码一章一票一备案"制度、综合受理统一平台 贸易监管制度——京津冀通关检验一体化、海关异地委托监管 金融创新制度——"金改30条"、创新融资租赁模式 事中事后监管制度——保税监管体系、信用风险分类机制
福建自贸区	投资管理制度——企业一照一码制度、"四个一"改革制度 贸易监管制度——国际贸易便利窗口建设、关检一站式查验平台建设+监管互认、外企一表申报制度 金融创新制度——允许台湾符合条件的银行开立新台币账户、两岸金融会晤制度 事中事后监管制度——综合执法体制、风险防控清单（监管底线清单制度）

国际上成功的自贸区都得益于两大互补因素，即制度创新与政府支持。发挥政府的主导作用是制度创新的关键。目前，中国自贸区在制度安排上与世界其他自贸区相差甚远，为了实现自贸区更好更快发展，其他自贸区建设可以模块化的方式复制国内自贸区的先进做法，并对试点区域进行体制创新与改革，在深入对接国际贸易新规则中实现制度创新，在转变政府职能中实现制度创新。

自贸区建设是与国际规则接轨的制度安排，其制度创新对于引领中国体制创新、突破传统制度顽疾与壁垒、先行先试构建符合国际化和法治化的开放型经济新体系、打造中国经济的升级版，以及引领国际贸易规则的走向与重构都具有重要意义。

（1）自贸区制度创新有利于对接新的国际贸易规则。经济全球化发展的今天，想要加快对外开放的步伐就应适应国际贸易新规则，融入国际贸易的大环境中。自贸区是新一轮改革开放试点区域，为了对接国际贸易新规则，亟须制度创新和体制改革。在世界经济不断发展、各国之间的贸易往来逐渐加深的背景下，我国对外贸易发展也到了一个新阶段。目前 WTO 已被欧美等发达国家和地区所搁浅，这些国家和地区已经开始了 TTIP 和 TPP 等国际贸易新规则的谈判，随后美国又在 2017 年 1 月宣布退出 TPP，区域性贸易组织的组建和解散现象不断涌现，给我国国际贸易与投资的发展带来新的机遇和挑战。2012 年东盟 10 国发起《区域全面经济伙伴关系协定》（Regional Comprehensive Economic Partnership，RCEP），是历时 8 年，由包括中国、日本、韩国、澳大利亚、新西兰和东盟 10 国共 15 方成员制定的协定，这为中国对外贸易开放与延伸奠定了良好基础，有利于全国自贸区的建设。

（2）自贸区制度创新有利于实现体制转型。在经历改革开放 40 多年的经济高速增长之后，我国所属的资源消耗型经济增长模式弊端开始显露，要实现经济增长与生态建设共同进步，我国对经济增长方式的转型升级势在必行。因此，中国须通过推进建设自贸区来实现与国际通行规则的接轨，激发市场活力，为深化改革提供可复制、可推广的经验，从而倒逼现行体制改革。

在推进外商投资管理方面，我国借鉴了负面清单制度。负面清单制度除了用于投资准入领域，还被广泛用于国家行政体制改革方面，主要指国家行政机关应当奉行"法无禁止皆可为"的精神，也就是除清单上的禁区外，其他领域的经济活动都是被许可的。早在《美国双边投资协定 2012 年范本》中提出了负面清单，覆盖了美国所有产业部门和投资领域，以使投资商享有国民待遇。上海自贸区自成立以来也采取了国际通行的负面清单制度，并取得了显著成效。这些都为其他中国自贸区的负面清单制度创新提供了丰富的参考经验。负面清单制度有利于激发自贸区市场活力，调节资源配置，优化产业结构，提升地方经济的开放度与透明度。实现机制体制改革创新，采用负面清单可较多地吸引外商在自贸区投资建厂，提高第三产业比重，特别是高新技术产业，利用外商的综合资产、先进技术和高能设备来提升当地企业实力，实现产业升级。

（3）自贸区制度创新加快了政府监管体制的改革。过去中国的港口贸易区、保税区的监管是由海关、税务、检验检疫等多个部门共同负责，与世界大型自贸区监管体制相差甚远，如迪拜港由阿联酋政府对港口、自贸区和海关采取统一管理，总体由迪拜港务局管理，该港务局既具有政务性质又具有企业运营性质。借鉴世界各大自贸区的成功经验，我国建立自贸区有利于适应市场经济，破除陈旧机制体制，实现自贸区多个部门统一管理的创新型体制。

（4）自贸区制度创新能促进自贸区内产业快速发展。建立自贸区在于吸引大量外商在华投资，同时也促进了合资企业的建立。国外金融机构的驻入，对自贸区内金融业、专项服务业、仓储物流业、贸易加工业等产业链的建立起到了良性促进作用。金融体制的改革创新，促进了产业链升级，提升了贸易投资便利化程度、金融市场开放度，并加强了自贸区外汇管理。

第三节　自贸区制度深度介绍

一、自贸区营商环境

本书研究组对于自贸区营商环境研究较为深入，下面将综述国内外学者对营商环境的研究的系统性描述，主要集中于营商环境的定义、评价指标体系构建、优化研究等方面。在第四章也会详细介绍世界银行每年发布的《营商环境报告》中的具体指标。

（一）营商环境定义

全球化竞争日益激烈的当下，"营商环境"建设已经成为各国关注的重心。而关于营商环境的具体概念，学术界未形成统一的定义，现有概念往往是从不同角度给出的描述。

基于国外各项专业营商环境评估报告的调研情况，本书归纳总结出国际上已有营商环境评估的三个主要角度[①]。

第一个角度，视营商环境为国家竞争力，指标侧重宏观经济环境、基础设施建设、劳动力受教育程度等宏观内容；这一点在世界经济论坛（World Economic Forum，WEF）《全球竞争力报告》中尤为明显。该报告更多地在宏观层面对营商环境进行操作化定义，由此形成的指标内容也与直接影响企业经营活动的因素相距较远。

第二个角度，视营商环境为投资环境，指标侧重市场开放度、政治稳定性、投资规则与政策等与跨国贸易相关的内容；这一方向的典型报告有美国国务院发布的《投资环境报告》（Investment Climate Statements）、中国国际贸易促进委员会编发的《企业对外投资国别（地区）营商环境指南》等。

第三个角度，视营商环境为直接影响国内企业在本国经营效率、质量的要素综合，指标侧重与设立、破产、合同执行等企业经营活动直接相关的微观内容。世界银行发布的《营商环境报告》（Doing Business Report）、印度产业政策促进部（Department of Industrial Policy and Promotion，DIPP）发布的《印度营商便利度报告》（Ease of Doing Business Report）和印度转型国家研究院（The National

---

① 华东师范大学法学院、企业合规研究中心，《中国营商环境评价指数研究课题报告》。

Institution for Transforming India，NITI Aayog）《印度营商便利度：基于企业视角的调查报告》（Ease of Doing Business：An Enterprise Survey of Indian States），均以此营商环境定义为主。

国内一些学者也针对营商环境的定义有所研究。彭文心（2015）指出营商环境是一个地区或国家推动和限制商业活动的法律法规，一个好的营商环境是法律制度有力和监管程序简单且费用低的结合。与此同时，她还将营商环境因素归纳为监管程序的复杂程度、法律制度的完善程度及政府的透明度，并用回归方程的方法分析出法律制度的完善程度跟政府透明度对跨国公司在华投资的影响不显著，但却对经济的发展产生了长远的影响。

倪鹏飞（2008）将营商环境概括为市场和基础设施等硬环境，以及政府的政策、服务、司法、行政、税收体系等软环境。岳侠和钱晓萍（2015）用营商便利度来对中亚五国的营商环境进行综合排名，从而分析与中国有竞争力的国家最近几年吸引外资的状况。

吴建安（2002）指出一国的营商环境是一个综合协调的系统，东道国客观因素与投资主体动机的结合是影响跨国公司投资流向的至关重要的原因。他在《中国外商直接投资环境研究》一文中以营商环境为研究对象，采用定性与定量相结合的分析方法将外商直接投资的营商环境分为四个方面：经济因素、制度因素、基础设施因素与自然因素。同时指出已往的营商环境制约着外商直接投资运营的各个方面，直接影响到国际投资的规模、长期增长趋势、来源构成及产业构成。

董志强等（2012）运用简单的 OLS 回归分析得出营商环境与经济的发展（以人均 GDP 衡量）高度正相关，同时控制了气候、地理、经济政策、历史经济条件等可能影响经济发展的多种因素。此外，他们还将影响营商环境的因素归纳为自然的、历史的、地理的、经济的及政府的影响力，指明了政府在产权保护、市场监管、赋税征收、基础设施提供、金融市场和劳动力市场运行、政府管理等方面产生的重要影响，对塑造营商环境发挥了重要的作用。

魏淑艳和孙峰（2017）通过构建东北地区投资营商环境评估指标体系，从自然条件、社会状况、政府环境、经济因素和基础设施等方面，对该区域投资营商环境进行现状评估和问题剖析，发现资源、技术和体制的三重约束是东北地区投资营商环境差的主要成因。

通过翻阅文献，查找相关资料，本书围绕国际化营商环境对比的目标与规划，对照中国问题与韩国经验，进行系统营商环境指标体系选择，凸显国际化。世界银行《营商环境报告》是目前影响力最大的营商环境评估报告。在营商环境定义上，以世界银行《营商环境报告》为主要参照系，侧重选择直接影响国内或本地企业经营活动的营商环境要素，特别是和企业设立与退出、金融便利度、税务政策、市场环境、信用体系等方面相关的要素。

　　同时，作为区域营商环境对比研究，针对营商环境，定义将进一步扩大，加入自然条件、市场和基础设施等硬环境，作为影响营商环境的相关因素。

　　由此，本书列出两种较为科学的定义：国际营商环境是指影响国际投资的各种政治因素、自然因素、经济因素和社会因素相互依赖、相互完善、相互制约所形成的矛盾统一体。营商环境是指商事主体从事商事组织或经营行为的各种境况和条件，包括影响商事主体行为的政治要素、经济要素、文化要素等，是一个国家或地区有效开展交流、合作及参与竞争的依托，体现了该国或地区的经济软实力。

　　此外，为保证评价指数的有效性、适用性、专业性，在评估方法、评估范围、评估样本的选择上，本书"对标世界银行报告，关照中国国情"，形成适用对比分析中国自贸区营商环境评价的完整方法论。

　　（二）营商环境评价体系

　　营商环境的早期评价多偏重定性分析，即先主观选取一系列影响营商环境的因素，然后通过比较进行评价或打分。后来的研究者在环境要素的选取过程中引入了量化分析方法，通过建立计量经济模型，运用多元回归分析确定解释变量，最后进行综合打分评估。

　　1. 国际营商环境评价

　　国际上对营商环境评价的专门研究始于美国学者依西阿·里特法克和彼得·班廷，二人于1968年发表的《国际商业安排的概念构架》一文中提出了评价投资环境的"冷热图分析法"（郭信昌，1993）。该方法从投资国及投资主体的立场出发，根据诸多投资环境因素对投资国进行评价，并由"热"（投资环境优良）到"冷"（投资环境不佳）逐一排序。

　　各国际组织、各国政府及跨国企业已经展开的营商环境评估，是以待评估环境中企业是否进行对外直接投资（foreign direct investment，FDI）为标准，对"营商环境"一词进行意义限缩，从而形成两个层面的狭义"营商环境"。其一，待评估环境中的企业均不进行对外直接投资。此时，营商环境即为影响本国企业在本国境内经营活动之效率、质量的要素总和，与常用语中的"投资环境"存在差异。其二，待评估环境中的企业均进行对外直接投资。此时，营商环境即为影响从事对外直接投资企业经营活动之效率、质量的要素总和，与常用语中的"投资环境"等同。

　　不同定义方式没有优劣之分，皆为实现各自评估目的的有效手段。营商环境评估第三方机构主要有以下几个，并为大部分国家及企业所熟知和应用。世界银行于2002年开始启动了"企业营商环境指数"的运用，这已成为评估各国从事企业经营活动是否具有宽松条件的主要评价指标。世界经济论坛于 2008 年开始发布"全球贸易便利指数"，用以衡量各个经济体促进贸易的能力，并指出其迫切需要改进的地方。美国传统基金会和华尔街日报发布的《2004 全球经济自由度指数》认为经济自由程度越高，生活素质越繁荣，经济增长速度越加快速。此外，关于国际竞争力也有两个权威机构进行了相关评价，一个是世界经济论坛于 1979 年开始公布的《全球竞争力报告》，旨在衡量一国在中长期取得经济持续增长的能力；另一个是瑞士洛桑国际管理发展学院（International Institute for Management Development，IMD）于 1989 年发布的《世界竞争力年鉴》，旨在对全球主要国家和地区的竞争力进行全面、客观的分析和预测。

从影响力看，将营商环境与投资环境区分，聚焦国内企业经营环境的世界银行《营商环境报告》影响力最大。目前，世界银行《营商环境报告》、世界经济论坛《全球促进贸易报告》和《全球竞争力报告》的数据被各国、各跨国企业援引，用以描述本国和其他国家的营商环境；美国国务院《投资环境报告》也被其他国家作为参照。而这四个报告中，世界经济论坛《全球促进贸易报告》和美国国务院《投资环境报告》又都使用了世界银行《营商环境报告》的数据。同时，世界银行《营商环境报告》还被数个发展中国家借鉴，形成本国的营商环境报告。印度工业政策与促进局就以世界银行《营商环境报告》为蓝本，形成《印度营商便利度报告》。

世界银行自 2003 年至 2018 年已先后发布 15 份《营商环境报告》，对各国或地区相关经济指标进行衡量和比较。这一做法被其他机构和组织所借鉴。营商环境评价报告是对一个国家或地区商业竞争能力的描述，在实践中对投资者具有引导作用。

2. 中国营商环境评价

中国首先对"营商环境"进行系统理论研究和实践的地区是广东省。广东省组织有关单位开展"建设法治化国际化营商环境"相关课题的调研，并委托中山大学、广东外语外贸大学开展"坚持社会主义市场化的改革方向建设法治化国际化营商环境"相关专题研究。2012 年 10 月，中共广东省委办公厅、广东省人民政府办公厅印发《广东省建设法治化国际化营商环境五年行动计划》。

《2008 中国营商环境报告》显示了中国 30 个主要城市中激励或阻碍商业活动的政府规制的范畴及形式，它采用了在其他几个主要新兴市场国家（如巴西、墨西哥和印度等）进行的区域营商环境调查的模式，并按照世界银行全球《营商环境报告》的方法论，选取了四项与营商环境密切相关的指标：开办企业、登记物权、获取信贷、强制执行合同。并且表明了营商环境指标排名越靠前，该地政府提供的政策环境越有利于商业运营，政府对企业的约束方式更为高效。这些指标虽然不能反映地方投资环境的所有方面，但它们提供了可供比较的依据，并为被调查的城市提供了基准参照标准，各城市可以在此基础上实施和展示今后的改革措施。

倪鹏飞（2008）还指出，地域差异对营商便利程度也会造成一定的影响，沿海城市的营商环境最佳，其中，广州综合排名最高，中西部地区的营商环境相对较差。黄育容（2015）基于 2012~2015 年的全球营商环境报告，构建了营商环境的评价框架，以经济活动规则的透明化为前提，以产权和投资者保护的力度及监管程序的成本与效率为两个指标进行分析，得出监管力度与程序的复杂性决定了营商环境的宽松与否。鲁桂华（2007）提到了世界银行与国际金融公司对营商环境的评价体系，主要从十个方面进行：企业的开办、申请政府的许可证、雇佣工人、财产登记、获取信贷、投资者保护、缴款纳税、跨境贸易、履行合同和企业的关闭。

由于世界各国政治体制和经济体制的不同，世界银行的评价指标对不同国家适用程度并不一致，中国、巴西、印度、阿根廷等国都曾对其提出质疑。由此，国内学者关于营商环境的研究都有不同的侧重。洪茜（2002）提出中国政府应当建立中小企业服务体系，涉及法律、资金融通、技术支持、人才开发、市场拓展等各方面的服务。蒋天虹（2004）提出要解决中小企业融资难问题，最为关键的三点是建立完善的法律体系、到位的中小企业服务体系和多层次的资本市场。余文建和邓蒂妮（2008）通过借鉴我国台湾地区辅助性金融机构的经验，提出由国家财政和金融机构捐资，根据不同类型的中小企业设立全国性的专项担保基金，分别为不同类型的中小企业贷款提供信用保证的理论。史长宽和梁会君（2013）利用我国 30 个省级横截面数据，检验了各省营商环境细分指标与进口之间的关系，检验结果表明，各省商业机构开业时间的缩短对扩大进口有显著而积极的影响。许可和王瑛（2014）认为中国企业在当前经济环境中所面临的问题主要表现为金融准入困难、人力资源受教育程度不高、非正规部门竞争及税负高等。杨涛（2015）构建了一套适用于中国市场的营商环境评价指标体系，并针对山东、江苏、浙江、广东四地的营商环境做出了比较分析。

国内外对投资营商环境的研究是理论与实践、定性与定量的综合过程，是对问题和对策扎实可靠的理论和实践分析；但作为主流的指数衡量法存在局限性：测量指标大多不具备预测性，可以准确测量出地方投资营商环境的区别，却多局限于事后评价，在识别特定政策行动的影响时也略显乏力。同时，国外学者对政治制度影响投资营商环境的研究是基于跨国文献和案例的实证探索，将其应用于某国家内部分析的适配性和解释力是有限的，地区投资营商环境的评估与优化要基于区域实际进行体系构建和对策制定。

较之国际上已有的营商环境评价体系，我国在这方面的工作尚处于起步阶段。

对接国际评价指标，开展营商环境评估，正确认识和把握本地区营商环境的现状和不足，选择适用性强、国际性高的营商环境评价体系及更加专业的评估方法，是优化自贸区营商环境的基础工作，也是本书的写作目的之一。

二、自贸区港航物流体系

自贸区最显著的特征是高度的开放，放松管制，货物、人员可自由流动。从自贸区包括特殊海关监管区向特殊经济功能区转变的特殊时期，港口与航道工程（以下简称港航）作为自贸区当中非常重要的产业，会迎来难得的机遇。物流作为基础性的支撑产业，为自贸区发展提供了很大的动力，也为物流的发展注入了新的活力。

因此，自贸区的成立，为物流业的深化改革和发展带来了新机遇，也为港航业的发展提供动力、消除壁垒，如表 2-6 所示。随着服务业逐步扩大开放，贸易自由化及便利化提升，服务贸易的整体环境得到有效改善，实现以港航企业为主的物流业与国际港口顺利对接。同时，国际航空中心建设力度的不断加大，促进了运输、分拨、仓储等一批专业化物流企业发展，打破服务贸易逆差的局面，实现贸易顺差的目标，进而提升我国国际贸易的竞争力。自贸区初创期应优先发展物流服务，为将来金融的发展打好根基，实施"生产+贸易+金融+物流"模式，特别是各种服务创新与制度创新，为物流业务的开展及转型提供了强大动力。

表 2-6　自贸区建设对港航物流发展的优势

动力点	短期效益	长远目标
改善物流金融发展环境	提高港航物流供应链整体绩效和客户资本运作效率	实现供应链良性互动和多方共赢，提高自贸区的综合竞争能力
优化物流节点	将逐步形成区域物流节点和重要枢纽	构建区域物流大通道和节点网络
助推跨境物流转型升级	跨境物流的模式创新	传统物流向高端物流、供应链服务转型
推动物流园区建设	物流园区在功能、发展规模、生产能力方面得到互补，形成闭合型物流服务体系	贯彻"一带一路"倡议核心，提高物流服务效率
提升国际物流效率	提升通关便利化程度，减少贸易逆差	改善运输服务逆差，服务贸易自由化改善物流发展环境

港口航运业是国际贸易的主要载体，是国际经济的"晴雨表"。在国务院公布的《中国（上海）自由贸易试验区总体方案》中提到，积极发挥上海外高桥港、洋山深水港、浦东国际空港的联动作用，探索形成具有国际竞争力的航运发展制度和运作模式，积极发展航运金融、国际船舶运输、国际船舶管理、国际航运经纪等产业。由此可见，研究自贸区发展制度必须了解自贸区相关港航物流业的发展情况，见表 2-7。

表 2-7　中国四大自贸区港航物流业发展现状

自贸区名称	港口物流发展情况
上海自贸区	①允许"沿海捎带"业务：允许中资公司拥有或控股拥有的非五星旗船，先行先试外贸进出口集装箱在国内沿海港口和上海港之间的"沿海捎带"业务 ②带动长江沿岸港口发展：上海港和长江流域各港口具有相互依存的紧密关系。积极发挥外高桥港、洋山深水港、浦东国际空港的联动作用的同时，上海港将自己的管理经验、投资力量，沿长江顺江而上，带动沿江地区的开发
广东自贸区	①珠海港主营港口交通运输，围绕珠海市"以港立市"的战略，向港口物流进军，打造一流港口物流营运商、物流地产综合开发商和电力能源投资商 ②自贸区将充分发挥香港和澳门在国际经济中的突出地位和优势，推动更多高端资源向自贸区集中，打造《内地与香港关于建立更紧密经贸关系的安排》（closer economic partnership arrangement，CEPA）升级版和海关特殊监管区域升级版，使香港高端服务业的发展获得新空间和新平台，从而带动珠三角乃至华南地区经济结构的战略性调整和经济质量的战略性提升
天津自贸区	面向华北、东北、西北三北地区，将带动辐射环渤海、京津冀地区，将对天津成为北方经济中心和北方国际航运中心的定位目标起到引擎作用
福建自贸区	①构筑连接海峡两岸综合物流平台：统筹大陆和台湾市场、在岸和离岸业务、保税和保税延展物流的融合模式，建设连接海峡两岸的物流主通道、物流主枢纽和台湾海峡航运中心，形成大陆企业和资本走向台湾、台湾企业和资本走向大陆的重要通道和枢纽，为实现两岸经贸自由化和经济一体化做贡献 ②构筑服务周边地区发展的保税物流网络：福建自贸区将建设完善一批保税监管场所、保税物流园区、保税港区、综合保税区等海关特殊监管区域，建立健全与广东、浙江、江西等周边省份和中西部省份更加紧密的区域物流合作机制，构建了保税物流网络，成为中部内陆地区进出口的通道，为腹地区域开展分拨转运、资源加工等提供支持，提升物流功能对腹地区域经济的拉动和辐射作用 ③构筑海上丝绸之路重要物流枢纽：福建以建设自贸区为契机，强化物流网络建设，积极参与投资 21 世纪海上丝绸之路沿线物流基础设施建设，加快构筑海上互联互通网络，建设全程物流服务体系，加强与东盟、中东、西非等地区的港口联系和物流合作，建立 21 世纪海上丝绸之路物流联动发展合作机制，促进双向投资与贸易

　　由表 2-7 可知，我国自贸区的港航物流业还处于起步阶段，战略定位选择清晰，但是在具体的港航物流政策上，还有很大改善空间，尤其在物流产业相关优惠政策及基础设施建设上，还需进一步探索推进。因此本书将重点选择港航物流相关政策及设施建设等方面的统计指标，以实现自贸区统计指标体系评价的全面性。

三、自贸区贸易投资便利化

　　联合国贸易和发展会议（United Nations Conference on Trade and Development, UNCTAD）于 1964 年成立，该组织的任务与世界范围的商务领域有着直接的关系，其中心目的在于帮助发展中国家成功融入国际贸易和经济体系，最大限度地获取贸易和投资机会。完整的贸易投资便利化问题，最初是作为 WTO "新加坡议题"之一，于 1996 年的 WTO 第一届部长会议上被提出。虽然后来 2010 年的坎昆会议并未在此方面取得进展，且多哈回合贸易谈判也停滞不前，但是像联合国亚洲及太平洋经济社会委员会（U.N. Economic and Social Commission for Asia and the Pacific, ESCAP）、亚太经济合作组织（Asia-Pacific Economic Cooperation, APEC）等国际多边或区域经济合作组织均在贸易投资便利化方面取得了很多实质性的进展。

关于贸易投资便利化，有分别将贸易和投资的便利化单独列示的，也有将二者合二为一的。目前关于贸易便利化的内涵主要包括涵盖国际贸易全过程中所有可以使货物流动更加便利的措施；狭义的投资便利化是指简化进而协调投资者在国际直接投资活动中所涉及的各种程序，从而为企业制造一种透明和可预见的投资环境，广义上还包括已往在投资领域对外资的开放程度（Ure，2005）。由于跨国公司全球贸易投资一体化程度的加深，贸易便利化和投资便利化二者之间的内涵有了很多的重合，当前很多双边或多边关系和自贸区在具体应用过程中统一采用贸易投资便利化措施。

本节介绍中国上海自贸区、中国香港自贸区、巴拿马科隆自贸区、美国纽约港自贸区、德国汉堡自贸区的贸易投资便利化比较情况，见表2-8。通过国内外知名自贸区制度的比较，初步了解自贸区贸易投资状况。

表 2-8　国内外知名自贸区贸易投资情况

自贸区名称	贸易投资
中国上海自贸区	①投资领域开放采用"负面清单"管理模式和准入前国民待遇，在金融服务、航运服务、商贸服务、专业服务、文化服务、社会服务等领域全面开放，在符合相关规定的前提下，允许符合条件的外资机构、组织以合资形式或独立形式，成立公司开展相关业务 ②改善自贸区内行政管理体系，使其与国际高标准贸易和投资规则相适应；政府管理将由注重事先审批转为注重事中事后监管
中国香港自贸区	①实行自由贸易制度。一是对进出口贸易不设置管制，除为履行国际义务及维护香港安全，对贸易实行必不可少的管制外。二是不设置关税壁垒，对一般商品的进出口均不收关税。三是进出口手续极为简便，除少数受贸易管制的商品需进行事前申请外，一般商品的进出口无须报批。四是外来船舶免办进港申请及海关手续，实行非强制引水，关检及卫检手续简便，并豁免港口行政费 ②实行企业自由经营制度。一是香港对外来投资项目不设任何管制，除了金融、电信、公共运输、公用设施及部分大众媒体等领域。二是对本地公司及外商一视同仁，实行少干预、无补贴政策。三是对企业经营进出口贸易没有限制，任何企业只要依法注册登记，即可从事进出口贸易。四是商品与劳务支付的价值也基本上保持充分的自由竞争状态
巴拿马科隆自贸区	①巴拿马科隆自贸区货物进口自由，无配额限制，对进出口商品控制很少，豁免关税的范围相对较宽。除爆炸品、枪支弹药、麻醉品、易燃品和其他特别规定的商品外，一律自由进入区内，免关税。货物进出自贸区只需填写一份表格 ②在巴拿马科隆自贸区注册公司手续简便、审批快。区内设管理委员会，负责管理和组织本国和外国企业从事进口、展销、制造、装配和转口业务，为办公机构出租和修建住房、厂房，出租地皮，批准外国人在区内经商等 ③政策稳定，区内管理非常严密。当地政府专门立法给予保证和优惠，投资者有法律保障。该区采取的安全措施也优于非洲其他很多自贸区

续表

自贸区名称	贸易投资
美国纽约港自贸区	①任何国外或国内的商品，除法律禁止或由管理局规定为有害公共利益、健康或安全以外，皆可不受美国海关法的限制而进入自贸区 ②国际贸易活动均可在区内开展，可以存储、展示和销售、重新包装、组装、分类、清洁、搭配国内货物进行加工。在自贸区内，只要没有零售销售，商品可以自由买卖 ③货物进入自贸区不受配额的限制，无配额的货物准许进入区内暂存，待有配额再进口，也可以无限期在区内保存，待价而沽 ④自贸区的货物可以 24 小时无限制地通过海关
德国汉堡自贸区	汉堡自由港对进出的船只和货物给予最大限度的自由，提供自由和便捷的管理措施，贯穿于从货物卸船、运输、再装运的整个过程中 ①船只从海上进入或离开自由港驶往海外无须向海关结关，船舶航行时只要在船上挂一面"关旗"，就可不受海关的任何干涉 ②凡进出或转运货物在自由港装卸、转船和储存不受海关的任何限制，货物进出不要求每批立即申报与查验，甚至 45 天之内转口的货物无须记录。货物储存的时间也不受限制 ③货物只有从自由港输入欧盟市场时才需向海关结关，交纳关税及其他进口税

　　综合世界银行发布的《营商环境报告》和世界经济论坛发布的《全球竞争力报告》中涉及的贸易投资便利化指标，贸易投资便利化的内涵具体可以概括为市场准入、商贸环境、基础设施和政府效率四个方面，现有的中国自贸区的片区内制造业较为发达，且对外贸易活动较为活跃。因此，可以说中国自贸区是制造业和对外贸易相辅相成的经济模式。

　　表 2-8 中，美国纽约港自贸区是制造业和对外贸易相辅相成的经济模式的典型代表。将美国的成功模式在进行贸易投资便利化建设时采取的措施进行归纳总结，能够更好地为自贸区的贸易投资便利化建设提供参照。

　　美国自贸区从 1936 年最初成立的纽约 1 号对外贸易区开始，到 2016 年，美国活跃的自贸区约为 195 个，其中，活跃的制造业有 324 项，聚集了 3300 家企业，提供了约 42 万个就业岗位，是当时全球自贸区为数最多的国家，在自贸区的贸易投资便利化建设上已经积累了很多成功经验，根据世界银行和世界经济论坛的衡量体系，可总结为市场准入、商贸环境、基础设施和政府效率四个方面，如表 2-9 所示。

表 2-9　美国自贸区贸易投资便利化情况具体政策

便利化方面	便利化方面细分	具体政策
市场准入	投资市场准入（金融、商贸、文化等服务业）	①允许公共机构或是私人公司经营自贸区 ②根据企业需求灵活机动地适应政策，同时进入和退出都很自由灵活
商贸环境	企业营商环境	分区制度。允许建立自贸区的分区，作为减少大型生产加工企业成本的辅区，同时便利了大中型加工制造业在区内落户

续表

便利化方面	便利化方面细分	具体政策
商贸环境	货物通关效率	①直通程序。企业向所在地口岸海关关长提出申请,获准的货物可直接以保税的方式进入口岸的对外贸易区,无须向此前到达的口岸海关申报 ②2000年修改的《贸易发展法案》确立了周报关制度,对于需送往区外的货物,使用者可申请一周申报一次。简化了申报手续,加快了物流速度 ③审计核查制度。用审计核查替代逐票逐单的监管范式,简化程序
基础设施	仓储、运输等基础设施	自贸区多布局在靠近拉丁美洲的港口,港口设施、区内装卸装配、制造和展览场地等基础设施齐全,生活配套设施完善
政府效率	行政监管效率	自贸区的管理体系由政府管理体系和内部管理体系共同构成。对外贸易区委员会、海关总署和对外贸易区协会组成政府管理体系,受让人(grantee)、经营者(operator)和使用者(user)作为内部管理体系。政府管理体系保证政府统一管理,内部管理体系保证区内发挥自主性和积极性

杰贝阿里自贸区和迪拜机场自贸区是迪拜两个最为著名的自贸区,而杰贝阿里自贸区也是其最成熟、最成功的自贸区并且开了迪拜建立自贸区的先河。杰贝阿里自贸区的贸易投资便利化措施总结起来如表2-10所示。

表2-10　杰贝阿里自贸区的贸易投资便利化措施

便利化方面	便利化方面细分	具体措施
市场准入	投资市场准入	①区内成立企业由自贸区作为最大的担保人,无须受阿拉伯承保人制度的限制 ②最大限度克服自然条件的缺陷,保障投资的环境
商贸环境	企业营商环境	①自贸区内企业可享受100%外资拥有、50年免除所得税、期满后延长15年免税期、无个人所得税、进口完全免税、资本金和利润允许100%遣返及充足的廉价能源等政策。除装卸服务,自贸区的一切服务均可免费使用 ②土地使用方便且租赁价格低廉,租赁期限可达20~40年
	货物通关效率	货物进口完全免除关税,转口亦无须关税。节省通关手续上所花的时间成本
基础设施	仓储、运输等基础设施	长达734千米的海岸线是天然的港口保证,同时迪拜政府打造的"4小时经济圈"和"8小时经济圈"的航空线将全球各主要城市连接起来
政府效率	行政监管效率	①没有外汇管制,资金流动频繁 ②社会治安好,出警速度全球之最,同时有阿拉伯的宗教信仰作为保障 ③让渡政府权力,允许企业化运作

四、自贸区产业发展

依旧以中国上海自贸区、中国香港自贸区、巴拿马科隆自贸区、美国纽约港自贸区、德国汉堡自贸区等几个典型自贸区进行对比分析,如表2-11所示。

表 2-11　国内外知名自贸区产业发展情况

自贸区名称	产业发展情况
中国上海自贸区	服务业是上海自贸区核心产业。未来自贸区将以国际贸易、金融服务、航运服务、专业服务和高端制造五大产业为导向，提升自贸区服务业比重。在临港地区打造金融、集中保税展示交易中心、文化贸易平台三个板块
中国香港自贸区	香港具有四大传统支柱产业：金融、旅游、贸易与物流、专业服务。在大力巩固这四大传统支柱产业的基础上，香港近年来积极推动文化及创意产业、创新科技、检测和认证、环保产业、医疗服务、教育服务六项有明显优势的产业的发展，以扩大经济基础
巴拿马科隆自贸区	主要产业为金融、贸易与物流、会展。巴拿马是拉美地区最活跃、最成功的国际金融中心，外资银行及分支机构密集，有一百多家国际银行；重视会展业发展，巴拿马国际博览会世界闻名；贸易物流业发达，是全球第二大转口站。区内的经营以轻纺、服装、工艺、日用品和家电产品为主
美国纽约港自贸区	该区以围网分隔封闭，主要功能是货物中转、自由贸易，外国货物出港。区外还设有若干分区，主要功能是进出口加工制造，涉及石化、汽车、饮料、制药、手表等加工业务
德国汉堡自贸区	货物商业性加工、物流（货物集散转运）、船舶建造等是主业，同时金融、保险、商贸、中介等第三产业和服务贸易发展上成效显著

与其他几个发展相对成熟的自贸区相比，我国自贸区的产业还处于起步阶段，产业战略选择清晰，但是在具体的产业政策上，在开放度与自由度上还有很大发展空间，在产品进出的管制上，还达不到其他自贸区货物进口自由，无配额限制的标准，在产业集聚效应上还需加强，产业发展层次上还需进一步升级发展。因此将体现产业集聚效应、跨境业务、产业链升级等方面的统计指标列入自贸区统计指标体系当中，使得自贸区统计指标体系更加全面。

五、自贸区金融发展体系

对比我国内地自贸区选择金融等六大领域全面开放，在政策条件上还有一定限制，与我国香港、巴拿马科隆等自贸区的自由贸易制度安排相比，还存在一定距离，见表 2-12。在产品进出的管制上，还达不到其他贸易区货物进口自由，无配额限制的标准。因此本书在设计统计指标体系时，将针对这一发展方向设计统计指标，使得该指标体系能够从纵向上体现出各个领域的进步与不足，成为一套实用性强的自贸区创新型统计指标体系。

表 2-12　国内外知名自贸区金融政策比较

自贸区名称	金融政策
中国上海自贸区	①加快金融制度创新。可在自贸区内对人民币资本项目可兑换、金融市场利率市场化、人民币跨境使用等方面创造条件进行先行先试。在自贸区内实现金融机构资产方价格实行市场化定价。探索面向国际的外汇管理改革试点，建立与自贸区相适应的外汇管理体制。鼓励企业充分利用境内外两种资源、两个市场，实现跨境融资自由化。深化跨国公司总部外汇资金集中运营管理试点，促进跨国公司设立区域性或全球性资金管理中心 ②增强金融服务功能。推动金融服务业对符合条件的民营资本和外资金融机构全面开放，支持在自贸区内设立外资银行和中外合资银行。允许金融市场在自贸区内建立面向国际的交易平台。逐步允许境外企业参与商品期货交易。鼓励金融市场产品创新。支持股权托管交易机构在自贸区内建立综合金融服务平台。支持开展人民币跨境再保险业务，培育发展再保险市场
中国香港自贸区	采取自由的金融政策，实行自由外汇制度，形成了以外资银行为主体、以进出口贸易为主要服务对象的银行体系 ①外汇市场完全开放，企业可以在香港的银行开立多种货币账户，采用不同货币营运业务或进行投资 ②外汇、黄金及钻石等可以自由地进出香港，各种货币可在香港自由地买卖及汇兑 ③资金经营自由，没有国民待遇和非国民待遇之分，本地银行与外国银行享受完全平等的待遇
巴拿马科隆自贸区	巴拿马的本国货币仅为辅币，其合法货币为美元。贸易结算也使用美元。在巴拿马的银行存款不纳税，无外汇管制，利润汇出汇入自由
美国纽约港自贸区	在区内放松金融管制，实行金融自由化。放宽或取消对银行支付存款利率的限制；减少或取消对银行贷款规模的直接控制，允许业务交叉；允许更多新金融工具的使用和新金融市场的设立；放宽对外国金融机构经营活动的限制及对本国金融机构进入国际市场的限制，减少外汇管制
德国汉堡自贸区	德国汉堡自贸区金融自由，外汇交易均不做限制，如外汇兑换自由、资金进出和经营自由；投资自由，如雇工、经营自由，无国民与非国民待遇之分等

由对比分析可知在外汇管制、利率自由、资金运营、跨境业务、金融创新等方面，我国内地自贸区都有较大改革，但与其他几个自贸区放松金融管制，实行金融自由化的政策相比，还有一定距离。因此本书将体现外汇管制、利率自由、资金运营、跨境业务、金融创新方面的统计指标列入自贸区统计指标体系当中，使得自贸区统计指标体系更具有针对性。

六、自贸区事中事后监管体系

自贸区事中事后监管制度改革核心是构建政府监管、行业自律、企业自控、社会监督"四位一体"的监管体系，重点从事中事后监管制度改革使企业经营由原来的政府监管转为政府与社会共同监管，进而提高了企业自律意识和社会共治意识。自贸区事中事后监管制度主要包括建立七大机制，即企业年度报告公示机制、信用管理机制、安全审查机制、反垄断审查机制、综合执法机制、部门监管信息共享机制及社会力量参与市场监督机制（陈奇星，2015）。

（一）国外自贸区事中事后监管制度

就国外典型自贸区事中事后监管制度而言，其制度安排基本是以保障外商投资合法化为目标，外商企业投资监管基本体现出有法可依、监管主体明确、监管重点突出、实行动态信息跟踪、年度信息备案及第三方参与监管等特征。

国外典型的自贸区基本都有较为完善的监管体系。

在立法方面，美国纽约港自贸区主要有《对外贸易区法案》《美国对外贸易区委员会通用条例》，新加坡自贸区主要有《自由贸易园区法》等。

在监管主体方面，美国纽约港自贸区由对外贸易区委员会、海关、纽约-新泽西港务局行使外商企业监管职能，同时美国外国投资委员会专门行使外商投资并购的国家安全审查职能；迪拜杰贝阿里自贸区由杰贝阿里自贸区管理局、迪拜相关政府部门行使外商企业监管职能；新加坡自贸区由财政部、自贸区主管或经营机构等行使外商企业监管职能；日本公平贸易委员会是具有独立执行反垄断法权力的专门监管部门等。

在建立信息公开制度方面，新加坡自贸区对企业财务和重大经营活动实行公示制，并建立"企业在线填报与信息更新系统"，自贸区内投资企业设立、企业信息变更、企业年度报告、企业守法情况及对企业违规的处罚等信息均可在该系统中查阅；德国汉堡自贸区强制要求企业登记事项需记载在商事登记簿上，以便社会公众随时查阅等。

在建立企业年度报告告示制度方面，新加坡自贸区规定外商投资企业需在年度股东大会召开之日后一个月内提交企业经营信息申报表，同时一并提交已审计过的财务报表。

在建立第三方监管机制方面，新加坡自贸区鼓励私人评级机构对企业信用进行评估，新加坡缔博建筑设计咨询有限公司（DP Architects）就是声誉很高的民营评估机构，其评估结论的准确性较高，新加坡违法、违约企业中约有 64%曾被其评为信用高风险企业。

在协同监管机制方面，新加坡自由港贸易管制执法跨部门协同合作推出建设"单一窗口"方式。为推行政府信息化，新加坡政府分别于 2006 年与 2014 年提出"智慧国 2015"计划与"智慧国 2025"计划，其中"整合政府"计划和"电子政府"计划是新加坡"智慧国 2015"计划的重要组成部分。"整合政府"计划要求加强政府各部门的协作。TradeNet 和升级后的 TradeXChange，将海关、税务、安全等 35 个机构链接在一个网络中，所有与贸易相关的手续都通过此系统进行，大大加强了协同监管效率，从而使得新加坡"智慧国 2015"计划取得了里程碑式的成果。除此之外，TradeXChange 还与国外网络相连，通过该系统，新加坡舱单数据、清关数据等有效信息均能快速传递到域外（宋云博和王璐，2019）。美国海关与边境保护局正在建设自动化商业环境这一进行贸易程序处理和风险管理活动的主干网，它已经有效接入了海关等 47 个政府机构，并提供了包括空运、铁路运输及海运等所有运输方式商品的处理功能，以多种渠道合作共同推进了贸易便利化发展。2005 年，韩国推出了真正具有"单一窗口"功能的 UNI-PASS 互联网通关系统，在 2011 年参与此系统的政府机构和行业协会数量就已经增加到了 33 家，通过将海关等不同职责的政府机构集中到"单一窗口"系统，让他们协同合作，实现资源共享。

（二）国内自贸区事中事后监管制度

2013 年 9 月 18 日，国务院在中国政府网全文公布了《中国（上海）自由贸易试验区总体方案》。该方案明确了上海自贸区五大主要任务，以制度创新为重点，突出与国际通行规则相衔接，按照市场经济和更加开放的要求，探索构建以政府职能转变为核心的事中事后监管六项基本制度。2016 年 8 月，为不断营造法治化、国际化、便利化的营商环境和公平、统一、高效的市场环境，中国自贸区事中事后监管制度进行了进一步深化改革。

在上海自贸区，"证照分离"等一系列制度创新让越来越多的企业感受到了便利。整片区域证照分离，激发市场活力，全方位提升政府治理能力，同时，探索"六个双"监管，即双告知、双反馈、双跟踪、双随机、双评估、双公示，覆盖 21 个监管部门、108 个行业，全力推进信用、风险、分类、动态监管，优化政府服务，确立以规范市场主体行为为重点的事中事后监管制度，形成透明高效的准入后全过程监管体系[①]。

福建自贸区挂牌之初在商事制度集成化改革方面率先实施"三证合一、一照一码"登记模式，颁发全国首张加载 18 位统一社会信用代码的营业执照。在全国率先探索实施关检"一站式"查验，为全国关检机构改革探索了经验。率先实施货物状态分类监管，实现了保税和非保税货物同仓存储，保税仓库面积盘活了 60%以上[②]。

《中国（重庆）自由贸易试验区管理试行办法》提出中国（重庆）自由贸易试验区（以下简称重庆自贸区）应当完善与"一带一路"沿线国家负责海关、检验检疫、标准认证业务的部门和机构之间的通关合作机制，开展货物通关、贸易统计、贸易供应链安全与便利化合作、检验检测认证等方面合作，逐步实现信息互换、监管互认、执法互助（宋云博和王璐，2019）。

---

① 上海自贸区探索建设高效监管体系，http://www.china-fjftz.gov.cn/article/index/aid/11014.html[2018-12-29]。
② 福建自贸区四周年：全国首创 141 项创新举措，https://baijiahao.baidu.com/s?id=1633214568199567980&wfr=spider&for=pc[2019-05-11]。

（三）中国自贸区事中事后监管制度问题

目前，自贸区事中事后监管制度存在的问题主要体现在政府监管、行业自律、企业自控、社会监督"四位一体"的监管体系尚不完善（陈奇星，2015）。

首先，在政府监管方面，政府监管是监管体系的核心，政府监管机制是否完善在很大程度上决定了监管体系是否完善。

目前，由于事中事后监管制度实践时间尚短，政府监管还存在一系列的问题。一是监管制度缺乏标准化流程和规范化程序，导致监管的精细化程度不够；二是监管部门分工合作机制不健全，导致监管部门在某些试点存在监管空白的现象；三是综合监管平台和公共信用信息服务平台作用发挥不足，企业信息采集、规整难度较大，且信息覆盖面尚且有限，导致监管部门可能无法及时获取所需的有效信息；四是监管惩罚力度不够，企业失信成本较为低廉，导致企业选择违法违规的概率增加；五是监管专业化能力不足，部分监管人员在一定程度上存在专业能力不达标、知识结构不匹配等问题。

其次，在行业自律方面，目前我国行业协会和商会发展的程度参差不齐，部分行业协会和商会甚至缺乏健全的行业经营自律规范、自律公约及行业经营职业道德准则，导致其无法在权益保护、自治认定、纠纷处理、失信惩戒等方面发挥有效的作用。

再次，在企业自控方面，目前我国企业信用机制不健全、企业失信的成本较低，导致企业无法有效进行自我监管、自我约束。同时，我国市场主体第三方评价机制不健全，导致企业在缺乏第三方监管的情况下更加容易出现失信行为。

最后，在社会监督方面，目前我国社会组织自身建设不足，尤其是第三方信用评价机构、第三方检测检验机构、相关专业机构和专业人员极为有限，导致在事中事后监管过程中社会力量介入不够。同时，目前我国政府购买社会服务机制不健全，这也在一定程度上降低了社会力量参与监管的可能性。

中国自贸区"一线放开，二线管住"的监管理念创新的关键所在，即为事中事后监管制度改革是否科学及落实是否到位。近些年来，自贸区事中事后监管制度正在不断探索完善且已取得一定的成效，虽尚存在一定问题，但对于仅处在"中低度"状态且"非完全锁定"的情形可通过采取适当措施突破其束缚。建议未来应继续探索创新事中事后监管制度，提高监管的约束和激励效应使外商投资事中事后监管制度得以不断优化。

第三章 中国自贸区建设与发展

第一节 中国自贸区战略定位

上海自贸区、广东自贸区、天津自贸区和福建自贸区遵照总体方案分别服务于对接长江经济带、粤港澳深度合作、京津冀协同发展、两岸经济合作国家重大区域发展战略。此外，作为实施"一带一路"倡议的核心区或重要节点城市，四个自贸区都将推动"一带一路"建设作为重要内容，争做"一带一路"特别是21世纪海上丝绸之路建设的排头兵和主力军。自贸区还发挥与自主创新区的双重机遇叠加效应，积极对接"双创"（大众创新、万众创业）、战略性新兴产业、"互联网+"、"中国制造2025"战略和计划，促进自贸区在产业、技术与人才上的转型升级。

2016年8月，辽宁、浙江、河南、湖北、重庆、四川、陕西七地获中央批准成为我国第三批自贸区，这标志着自贸区建设从试点探索阶段进入成熟发展的新航程。2017年3月国务院公布了七个自贸区的总体建设方案。第三批自贸区一方面将尽快复制并推广已建立的四个自贸区的成熟经验、模式与做法，实现其"全国功能"的遍地开花；另一方面，将结合这些省市的产业与区位优势更加突出"地域特色"，实现对周边地区的联动与溢出效应。七个自贸区主要侧重中西部地区，兼顾东北地区和东部地区，分别对接"一带一路"倡议，长江经济带、中部崛起、西部大开发、振兴东北老工业基地等国家重大区域发展战略。

2018年，国务院公布建立海南自由贸易港，由此全区域式自贸区开启了中国自贸区新篇章。四批自贸区挂牌成立后，中国基本形成以"1+3+7+1"自贸区为骨架、东中西协调、自贸区自贸港相结合、陆海统筹的全方位和高水平区域开放新格局，并为加快实施"一带一路"倡议提供重要支撑。中国自贸区发展由此进入了一个崭新的时期，正如李克强总理所说的："提高政府服务效能，加快打造国际　流、公平竞争的营商环境，更大激发市场活力、增强内生动力、释放内需潜力，进一步解放和发展生产力，建设人民满意的法治政府、创新政府、廉洁政府和服务型政府。"[①]12个自贸区战略定位可见表3-1。

表3-1　中国12个自贸区战略定位表

自贸区定位	四大自贸区定位	上海自贸区：面向全球，侧重金融中心
		天津自贸区：面向东北亚，促进京津冀制造业升级
		广东自贸区：面向港澳，侧重服务贸易自由化
		福建自贸区：面向台湾，侧重两岸经贸合作，分别进行专项评估指标设计
	七大自贸区定位	中国（辽宁）自由贸易试验区（以下简称辽宁自贸区）：打造提升东北老工业基地发展整体竞争力和对外开放水平的新引擎
		中国（浙江）自由贸易试验区（以下简称浙江自贸区）：推动大宗商品贸易自由化，提升大宗商品全球配置能力
		河南自贸区：建设服务于"一带一路"建设的现代综合交通枢纽
		中国（湖北）自由贸易试验区（以下简称湖北自贸区）：发挥在实施中部崛起战略和推进长江经济带建设中的示范作用
		重庆自贸区：发挥重庆战略支点和连接点重要作用，带动西部大开发战略深入实施
		中国（四川）自由贸易试验区（以下简称四川自贸区）：打造内陆开放型经济高地，实现内陆与沿海沿边沿江协同开放
		中国（陕西）自由贸易试验区（以下简称陕西自贸区）：打造内陆型改革开放新高地，探索内陆与"一带一路"沿线国家经济合作和人文交流新模式
	自贸港定位	海南自贸区：打造面向太平洋、印度洋的重要开放门户，发挥全岛试点整体优势，建设国家重大战略服务保障区

第二节　中国自贸区建设现状

一、内陆型自贸区建设现状

（一）河南自贸区

河南自贸区以郑州为主，包括郑州、洛阳、开封，总面积119.77平方千米。国家对其定位是落实中央关于加快建设贯通南北、连接东西的现代立体交通体系和现代物流体系的要求，着力建设服务于"一带一路"建设的现代综合交通枢纽。因此"交通"和"物流"是核心。河南位于中部，承东启西、望北向南，具备发展现代交通和物流的条件：铁路方面，京广铁路、陇海铁路（新亚欧大陆桥国内部分）两大铁路枢纽在郑州交汇，郑西高铁、郑徐高铁等八个方向的高铁线路形

---

① 李克强在全国深化"放管服"改革转变政府职能电视电话会议上的讲话，http://www.gov.cn/xinwen/2018-07/12/content_5305966.htm[2018-07-12]。

成以郑州为中心的"米"字形高铁网络格局；航空方面，郑州新郑国际机场的货运航线已经通达全球主要货运集散中心，初步构建起了以郑州为亚太物流中心、以卢森堡为欧美物流中心，覆盖全球的航空货运网络。基于四通八达的交通运输网络，河南的物流业发展迅速。根据《2016-2020 年中国港口物流行业发展前景及投资预测分析报告》（中经未来产业研究院），2015 年河南省社会物流总额约为 93 538 亿元，增长 9%。因此，可以利用河南的交通枢纽和客货物集散地的区位优势，依托新亚欧大陆桥，实现郑欧国际铁路货运班列（郑新欧）多线路、多目的地的高频次和常态化运营；依托中国唯一的国家级航空港经济综合实验区——郑州航空经济综合实验区，主要发展临港服务、航空物流、保税物流等产业，大力完善陆空衔接的现代综合运输体系，提升货物中转和疏散能力，逐步发展为国际航空物流中心。

（二）湖北自贸区

湖北自贸区包括武汉、襄阳、宜昌三大片区，总面积 120 平方千米左右。国家对湖北自贸区的定位是：落实中央关于中部地区有序承接产业转移、建设一批战略性新兴产业和高技术产业基地的要求，发挥其在实施中部崛起战略和推进长江经济带建设中的示范作用。因此，湖北自贸区的核心是"产业"。湖北拥有便利的水路交通、雄厚的产业基础、丰富的人力资本，具备承接产业转移的各项条件。此外湖北还拥有一批科研机构，综合科研实力位居全国前列。因此湖北具备发展战略性新兴产业和高新技术产业所必需的技术创新、人才集聚和产业升级优势。湖北基本上形成了以光电子信息技术产业、高端装备制造业、新材料产业等为主导的新兴产业和高新技术产业体系。因此以武汉东湖高新区"先行先试"改革所积累的经验为蓝本，结合上海自贸区的负面清单模式，推广复制到湖北自贸区的其他片区；创新承接国内外产业转移方式，加强产业转移重点承接地建设；依托东湖国家自主创新示范区，推动制度创新，转变创新模式，发展新兴产业和高新技术产业。

（三）重庆自贸区

重庆作为我国中西部唯一的直辖市，自贸区总面积 120 平方千米左右，其中 66.29 平方千米位于重庆两江新区。国家对重庆自贸区的战略定位是：主要落实中央关于发挥重庆战略支点和连接点重要作用、加大西部地区门户城市开放力度的要求，带动西部大开发战略深入实施。重庆是丝绸之路经济带的重要战略支点、长江经济带的西部中心枢纽、海上丝绸之路的经济腹地，是我国中西部之间重要连接城市，处于"一带一路"和长江经济带的连接点上，区位优势非常明显；"西部门户城市"是指重庆是我国西部特别是西南地区出入与对外交往的中心城市，水陆空交通便捷，经济发达，基础设施完善，对西南地区具有极大的辐射力和影响力；"西部大开发"战略为重庆的发展提供了历史性的机遇，深入实施西部大开发战略，发挥重庆的辐射力和影响力。充分利用长江黄金水道和渝新欧国际铁路联运大通道，建设我国内陆的国际物流中心；发挥中新（重庆）战略性互联互通示范项目的带动和集聚效应，重点发展金融服务、航空、交通物流和信息通信技术等合作领域；以重庆保税区为基地，发展进出口加工贸易，构建辐射境内外的国际贸易体系。

（四）四川自贸区

四川自贸区以成都的天府新区为核心，主要落实中央关于加大西部地区门户城市开放力度及建设内陆开放战略支撑带的要求，打造内陆开放型经济高地，实现内陆与沿海、沿边、沿江协同开放。成都是"西部地区门户城市"，是国家全面创新改革试验区的核心城市，其经济、文化、交通、科技等在西南地区具有很大的影响力，是西南地区的中心城市之一。"内陆开放战略支撑带"和"内陆开放型经济高地"利用四川丰富的人力资源、良好的产业基础和便利的交通区位优势，扩大对外开放，发展对外贸易，形成我国沿海、沿边、沿江不同的开放格局。因此，可以推进以天府新区和成都高新区为核心的创新平台建设，不断开拓中英、中法、中德等国际园区和产能合作新领域；依托成都的综合交通枢纽优势和各类要素的成本优势，打造内陆地区中转体系，发展转口贸易；加强以成都为中心的各区域之间的联动发展与协同合作。

（五）陕西自贸区

陕西自贸区以中心片区（含陕西西安出口加工区 A、西安高新综合保税区和陕西西咸保税物流中心）、杨凌示范区、西安国际港务区（含西安综合保税区）三大片区作为实施主体。国家的战略定位是：主要落实中央关于更好发挥"一带一路"建设对西部大开发带动作用、加大西部地区门户城市开放力度的要求，打造内陆型改革开放新高地，探索内陆与"一带一路"沿线国家经济合作和人文交流新模式。陕西是新亚欧大陆桥的重要枢纽和丝绸之路经济带的重要节点，也是国家实施西部大开发战略的前沿阵地；西安是西部地区特别是西北地区的门户城市，也是新亚欧大陆桥（中国段）最大的中心城市，位于中国版图的中心位置，连接南北，贯通东西，区位优势明显，对西北地区的带动和辐射作用巨大；西安是全国 8 个全面创新改革试验区之一，西安高新综合保税区也是国家自主创新示范区，具有构建"内陆型改革开放新高地"的各项条件；陕西特别是西安拥有丰富的历史文化资源，科教实力雄厚，加强陕西同"一带一路"沿线国家的人文交流有助于实现"民心相通"。以西安高新综合保税区为核心发展战略性新兴产业和高新技术产业，形成辐射丝绸之路经济带的创新产业基地；以陕西西咸保税物流中心为依托发展航空物流产业，借助西安国际港务区发展对外贸易；以西安丰富的历史文化资源和教育科技资源为依托，加强同"一带一路"沿线国家，特别是中亚国家的文化交流。

通过以上分析可以发现内陆自贸区有以下特点。

首先，这些地区在建立自贸区上有其共性需求，即建立自贸区对转变地区政府职能、营造良好营商环境、增强企业活力有促进作用；同时，在外商投资改革方面，实践负面清单方式，海关要进一步促进贸易便利化；此外，建立综合保税区很有必要，这是深入海关改革、突破现有政策、继续向上发展、实现更高水平开放的途径。考虑到外商投资量，尤其是服务业投资量的增长，成都、重庆、武汉等内陆城市同沿海城市在建立自贸区上的差别并不大。

其次，内陆自贸区与国家发展战略密切相关，分别承担着国家不同的改革任务。比如，陕西自贸区和河南自贸区与"一带一路"倡议相联系，湖北自贸区和重庆自贸区与长江经济带相联系，陕西自贸区、四川自贸区、重庆自贸区与西部大开发战略相联系等。自贸区的建设遵循的重要原则之一是"边试点、边总结、边推广"，可以先复制并推广上海自贸区设立以来所积累的可复制改革试点经验，如投资管理领域和贸易便利化领域的诸多经验，在此基础上探索形成内陆不同地区的改革试点经验并推广到全国。

最后，我国内陆自贸区的建设依托中心城市和城市群。陕西自贸区以西安为中心，依托关中城市群及关中-天水经济区；河南自贸区则以郑州为核心，依托中原城市群和中原经济区；湖北自贸区以武汉为中心，依托长江中游城市群和长江经济带；重庆自贸区和四川自贸区则分别以重庆和成都为核心，依托成渝城市群。作为交通枢纽的中心城市很容易成为包括人才、资金、信息、商品等各种要素在内的集散地，也有利于内陆自贸区开展对外贸易，如相继开通的渝新欧、郑新欧、蓉欧、长安号、汉新欧等中欧班列成为内陆自贸区向西开放的重要载体。

因此，可以引入自贸区贸易便利化、交通能力分析、企业营商环境、商品货物流通等相关指标，使自贸区专项指标体系更加全面，具有针对性。

二、沿海型自贸区建设现状

（一）辽宁自贸区建设现状

随着第三批自贸区（辽宁、浙江、河南、湖北、四川、陕西、重庆）于 2017 年 4 月 1 日统一挂牌，一个从沿海到中部再到西部的自贸区战略新格局形成，至此，中国自贸区改革从"齐头并进"模式进入到"雁行阵"模式。

辽宁自贸区将以制度创新为核心，以可复制可推广为基本要求，加快市场取向体制机制改革、积极推动结构调整，努力将自贸区建设成为提升东北老工业基地发展整体竞争力和对外开放水平的新引擎。经过三年至五年改革探索，形成与国际投资贸易通行规则相衔接的制度创新体系，引领东北地区转变经济发展方式、提高经济发展质量和水平。

辽宁自贸区有其自身独特的发展优势。辽宁沿海且紧邻京津冀经济圈，能有效促进东北老工业振兴，与京津冀地区联动并吸纳京津冀经济圈相关产业，服务于整个东北部地区。随着辽宁沿海经济带开发建设上升为国家战略和东北地区开放度的不断提高，辽宁在整个东北及北方地区的作用进一步凸显。

辽宁自贸区将侧重从两个方面发展：一方面，深化东北亚合作。辽宁在推动中日韩自贸区建设上具有得天独厚的地缘优势。中、日、韩三国经济实力相近，产业和资源方面均高度互补，建设中日韩自贸区的构想具有较强的可行性。另外，中、日、韩三国产业各具特色，日本与韩国第一产业占比较低，而中国农业相对发达，优势互补效应明显。另一方面，辽宁作为向东北亚开放的重要窗口，应加强同俄罗斯的贸易往来，搭乘"一带一路"倡议顺风车。俄罗斯在东北亚居重要地位，中国陆路丝绸之路经济带无论从哪一路线出发，都无法绕开俄罗斯。因此，对于辽宁自贸区而言，这为其参与"一带一路"提供了直接载体。

此外，辽宁较为突出的优势，一是"五点一线"优势。辽宁作为东北地区唯一的沿海省份，依托渤海、黄海的临海区位优势，目前正着力开发建设"五点一线"沿海经济带，构筑对外开放新格局。辽宁沿海经济带的建设，既是我国东北地区发展经济、实现进出口贸易便利化的需要，也是提升服务辐射能力、落实国家区域经济协调发展战略之举。

辽宁拥有大连港与营口港两大港口，地处黄渤海之滨，海运交通条件均十分便利。其中，大连是环渤海经济圈重要港口城市，属于中国东北地区主要的交通枢纽。尤其是在"一带一路"倡议背景下，大连作为"陆上丝绸之路"与"海上丝绸之路"的重要海陆交汇点，更担当着东北地区面向世界的海上门户。营口位于辽河入海口，港口条件同样发达，营口港的货运量位居全国前列，是距离中国东北腹地最近的出海口。更重要的是，近年来营口港连接了通往欧洲的铁路运输通道，形成中国多式联运中重要的"营满欧"海铁联运大通道。未来随着"营蒙俄"第二条海铁联运大通道的建成开通，营口港还将在多式联运领域发挥更大作用，有望成为面向亚欧大陆的桥头堡。

二是产业集群优势。沿海内陆互动、城市乡村并举，辽宁区域发展战略开拓发展空间，为境内外客商提供了商机。辽宁很多产业项目布局长期以来主要集中在中部城市群。如今，辽宁各市根据自身优势，实现错位竞争、科学发展，努力打造特色鲜明的主导产业，围绕产业集群进行招商。

（二）浙江自贸区建设现状

2017 年 3 月 31 日，中央正式批准启动浙江自贸区——舟山自贸区。

舟山地处长江入海口、杭州湾外东海洋面，背靠长三角经济腹地和上海、宁波、杭州等大中城市群，具有较强的地缘优势，对内陆的经济可以起到有效的辐射作用。对外，东临太平洋，与亚太新兴港口城市呈扇形辐射之势，是我国对外开放的重要通道。得天独厚的黄金地理位置决定了其在物流中转方面有着不可比拟的优势。

我国 7 条国际远洋航线中 6 条经过舟山海域，区域内拥有全球最大的大宗散货港（宁波舟山港）和集装箱港（上海港）。舟山可进一步明确与宁波、上海等港口的战略关系，利用国家"先行先试"的政策结合自身地理因素提升港口优势。

相比国内其他的自贸区，浙江的特色是大宗商品的贸易自由化。大宗商品全产业链贸易自由化和便利化是其中一块。通俗地说，以后舟山会依托浙江拥有全球性深水港、商品储存能力强和交通便利等优势，变成一个全球性的大宗商品国际贸易中心。产业链的建成，对浙江省乃至周边地区影响深远，不但可以提高经济发展水平，产业经济带对外可以辐射太平洋西岸。而且对内可以辐射到长三角，甚至覆盖到全国经济的纵深地区。

就目前的发展可以看出，浙江自贸区致力于加快码头、管网、地下仓库、锚地、物流基地等物流基础设施建设，以大宗商品为重点，承接全球资源，面向亚太市场，满足国内需求，在舟山离岛片区布局形成大宗商品储运基地。

（三）海南自贸区建设现状

2018 年 9 月 24 日国务院印发《中国（海南）自由贸易试验区总体方案》，其中明确指出，"赋予海南经济特区改革开放新的使命，是习近平总书记亲自谋划、亲自部署、亲自推动的重大国家战略"。[①]

海南将坚持自贸区和自由贸易港建设联动的发展模式，一方面抓紧落实自贸区的有关政策，特别是以上海为主的自贸区已经形成的一系列可复制的经验，要尽快在海南直接落地，另一方面，要把握好自由贸易港建设的基本要求，抓紧按照境内关外的高水平开放的管理模式，按照"一线放开，二线管住"的发展模式，全面放开货物、服务和人员的自由流动，对标国际自由贸易港的基本做法，形成具有中国特色的管理模式，明确需要海关进行特殊监管的内容和程序。

海南将结合其现有优势和基础，选择相应的领域作为突破口，在服务贸易领域开放方面闯出一条出路。按照中央的要求，海南在旅游、健康医疗养老，热带

---

① 国务院，《国务院关于印发中国（海南）自由贸易试验区总体方案的通知》，国发〔2018〕34 号，2018 年 10 月 17 日。

作物研发等方面实现优先开放发展，特别是在现代化国际旅游岛的建设方面、在现代健康医疗的合资合作方面、科研创新领域及合资办学方面创造条件尽快起步，以此带动后续开放内容的跟进。同时，推动加快建设旅游消费中心，提高免税进口商品的竞争力，继续降低进口商品的环节税，充分发挥离岛免税的优势。不断提高旅游的配套服务能力，努力将海南打造成东南亚的旅游购物胜地，带动海南经济。

结合自贸区建设现状、发展优势及工作计划，借鉴相关营商环境指标体系，研究自贸区统计指标体系时可以加入现代服务业行业准入、制造业投资领域行业准入指标。并针对沿海型自贸区这一特点，考虑加入海港运输能力、物流仓储能力及高新产业升级指标。

第三节　中国自贸区未来发展方式与方向

一、自贸区建设方式规划

我国自贸区建设依然处于起步阶段，尚未形成统一、完整的自贸区统计指标体系。各自贸区在统计范围划分、统计指标选择、指标体系构建和统计数据公布这四点上依然存在问题。因此，本书将提出以下发展方式。

（1）明确统计划分范围。我国自贸区多面临统计范围不明确的问题，由于我国自贸区具有跨越性、非地域连续性和多片区性等特点，每个自贸区涵盖多个自贸片区，每个自贸片区又划分为多个区块，且每个区块不全毗邻，中间具有"断带"，很难确切划分每个自贸区的统计范围。以广州南沙自贸片区为例，该片区具有 7 个区块，镶嵌于广州南沙经济开发区内，地域因素导致统计范围难以明确划分出来，因此其自贸区统计范围沿用南沙经济开发区统计范围。针对统计范围划分不明确的问题，自贸区应在建设之初重视自贸区统计工作的开展和实施，单独设立专门的自贸区统计负责人，明确自贸区统计范围，并建设完善的统计数据收集平台，以此获得准确的统计数据。

（2）建立全面自贸区统计指标体系。我国自贸区所公布的统计指标仅包含少量经济运行指标，缺乏社会、民生、环境等全方位的自贸区统计指标，因此无法构成完整的统计指标体系。这就需要统计工作者和自贸区统计研究者共同努力，不断丰富、创新，共建一个全面的、完善的自贸区统计指标体系。

（3）建立自贸区统计数据收集平台。目前，由于自贸区统计范围划分不明确、统计指标选择不统一、指标体系构建不完善，相应的统计数据收集难度较大，不具备横向可比性，因此建设统一的统计数据收集平台，完善统计数据收集途径，提高统计数据收集效率等问题，是现阶段我国自贸区统计工作面临的一大挑战。

（4）建立自贸区网站评估体系，为下一步建立自贸区网站服务体系给予指导意见。自贸区网站是展示自贸区形象、发布自贸区政策信息，以及沟通企业和公众的第一道门户界面，也是电子政务建设的切入点和重要组成部分，在自贸区发展过程中具有举足轻重的作用。因此，网站建设及其后台支撑服务应该是建设自贸区过程中的核心工作之一，卓越的网站能够帮助自贸区发挥更强的社会影响力。自贸区网站的统计指标体系需要依据大量的客观事实和数据，按照专门的规范、程序，遵循统一的标准和特定的指标体系，通过定量定性对比分析，运用科学的方法，对网站建设和运营情况做出客观、公正和准确的评判。自贸区网站建设的关键一步是设置统计评估指标体系。评估指标体系的选择要遵循科学性、系统性、可操作性及定性与定量相结合的理念和原则，从而可以保证统计评估结果的可靠性，为下一步建设自贸区网站提供指导方向。

二、自贸区未来发展方向

各自贸区建立的战略目标不同，必然会有不同的发展方向，但在实现战略目标的发展过程中总有必经之路。本书提出如下发展方向。

（1）健全营商环境及监管模式。中国自贸区处于启动和探索阶段，体制机制还不完善。另外，中国周边日本、韩国、新加坡的自贸区或特殊发展战略区已经运行多年，并拥有相当成熟的管理体制，因此中国自贸区在亚太地区面临激烈的竞争。因此，对于中国的自贸区而言，宏观层面应加强构建国际化、法治化、便利化的营商环境；中观层面，继续推行并探索完善高标准的准入和监管模式；微观层面通过制度和风险资本等孵化机制培育区内企业家精神，推行全球视野的企业治理结构。

（2）人才引进与智库创建。随着我国劳动力优势的丧失，人才逐渐成为企业的核心竞争优势，只有从整个地区的人才吸引政策入手，提升企业高技术人才比例，才能达到增强技术吸收效率、降低创新成本的目的。而完善的人才引进政策不仅仅指知名的企业和品牌、具有发展前景的工作岗位和可观的收入与福利政策，还包括完善的医疗、教育、交通和文化环境。以福建自贸区为例，其在打造良好的营商环境的同时，也不能放缓社会基础建设的脚步，良好的生活环境、完善的社会设施及具有吸引力的人才政策都是吸引人才、留住人才必不可少的条件。与此同时，利用省内高校资源，建立高校创新创业孵化平台，将自贸区的资本与高校对接，将最前沿的知识输入到制造业和服务业的生产当中，将人才与知识同步输送到企业当中，也将资本送入高校和科研机构当中，建立属于福建省的智库基地，并提供完善的创业资金扶持金融政策和低成本的运营环境，达到提升现有企业产品的科技含量与竞争力和促进高新技术产业孵化等目的。

（3）知识产权保护与 R&D 协同共建。R&D 是指研究与试验性发展，国际上通常采用 R&D 活动的规模和强度指标来反映一国的科技实力和核心竞争力。一国的 R&D 水平体现着一国的政治经济实力，一个企业的 R&D 水平，体现着一个企业的竞争力，国际上的著名企业均把 R&D 视为企业的生命，无不投以巨资。R&D 活动不仅是提升对外贸易竞争力的直接推动力，更重要的是能够提升社会对外来技术的模仿、学习和吸收能力，从而缩小本地企业与外资企业之间的科技含量差距，降低技术创新成本，增强技术吸收效率，增强市场竞争力等。同时，需要推动大中型企业的 R&D 改革，令其焕发崭新的活力。此外，创新机制体制的建设和知识产权的保护都是提升高技术人才创造力和 R&D 投入产出效率的重要保障条件。建设高效可行的自贸区创新体系，要围绕企业需要和诉求建立健全创新机制体制，注重平衡基础创新研究、改良研究和应用发明研究之间的投入和产出效率，构建合理的创新投入和产出绩效评价体系，根据创新研究的不同阶段给予政策支持与推动。同时，应尽快建立起知识产权保护机制，从法律法规方面对创新与研发进行规范，提升社会对知识产权的保护意识，健全知识产权保护渠道与申诉仲裁机构等，实现从源头避免知识产权纠纷，促进良性科技发展与竞争。

（4）打造服务业与高新技术产业聚集区。产业聚集区能够有效吸引人才，促进 R&D，增强高新技术的吸收能力。以福建自贸区为例，打造服务业与高新技术产业聚集区是提升对外贸易水平的有效措施。在现有的技术引进和产业孵化政策基础上，进一步提升自贸区的政策吸引力度，将省内外的新兴服务业与高技术产业集聚于此，在产业园区内营造创新氛围，打造专业人才市场和国内外产业发展交流平台等，以最大的力度带动聚集区内企业的研发和创新热潮。同时提升贸易投资相融合的政策改革力度，紧跟社会贸易投资发展水平，有重点、有目标地引导高新技术产业的发展和壮大。

（5）打造品牌推广平台，助力企业转型升级。以福建省为例，目前该省的自主品牌主要以服装业为主，缺乏高端制造业与服务业辅助，对外贸易严重受阻。目前全球贸易的大半都集中在中间品贸易和服务业，而具有国际影响力的跨国公司不仅主导着直接投资，还主导着一般贸易增加值贸易模式，同时限制着一般贸易增加值的分配与技术外溢的约束条件。因此，发展中国家企业根本不具备与发达国家跨国公司争取市场的能力，对于发展中国家而言，亟须推进大型企业为主体的产学研资源合作体系，扶持一系列大型企业创造自主知识产权，向着世界跨国企业方向发展。同时打造品牌推广平台，举办本土品牌推广活动，带动福建省的自主品牌走向世界，获取除国内市场外的广阔发展空间。为打破发达国家跨国公司对国际贸易规则和国际分工的垄断，除了吸引其他省份的大型企业落户外，更重要的是推动本地企业转型升级，培育本土跨国公司，建立本土企业的品牌效应，以争取更大的对外贸易市场，真正实现自贸区建设海上丝绸之路的政策效应。

（6）探索建设新型自贸区。海南自贸港的建立成功开创了全区域开发的新篇章。作为自贸港和特区结合的特殊区域，自贸港的税收优惠政策能够极大地促进对外贸易发展，因此迫切要求自贸区具备与自贸港相匹配的营商环境软实力和产业升级的硬实力。此外，自贸港不仅仅限于货物与资金的自由流动，更注重的是服务贸易，强化自身的文化、教育、农业、旅游、大健康等领域，将会为自贸区迎来更多的发展机会。

第四章 中国自贸区统计指标体系构建依据

本书研究是建立在截至 2018 年各个自贸区所公布的统计指标、我国主要自贸区第三方评价指标体系、中国统计学会公布的综合发展评价指标体系及世界银行公布的全球营商环境评价体系这四大统计指标体系基础之上的。

第一节 中国四大自贸区统计指标体系构建现状

我国自贸区建设依然处于起步阶段，尚未形成统一完整的自贸区统计指标体系。各自贸区在统计范围划分、统计指标选择、指标体系构建和统计数据公布这四点上依然存在问题。

一、上海自贸区统计指标体系构建现状

上海自贸区是中国内地第一个自贸区，范围涵盖上海市外高桥保税区、外高桥保税物流园区、洋山保税港区和上海浦东机场综合保税区等 4 个海关特殊监管区域，总面积为 28.78 平方千米，是中国经济重要的试验田，力争建设成为具有国际水准的投资贸易便利、货币兑换自由、监管高效便捷、法制环境规范的自贸区。

上海自贸区自 2013 年 9 月 29 日正式挂牌成立至今，尚未对外公布完整的统计指标体系和统计数据。在所公布的统计指标和统计数据当中（表4-1），存在以下问题。

表 4-1　上海自贸区已公布统计指标

范围	一级指标	二级指标
上海自贸区统计指标	经济运行指标	累计新设企业数
		内资企业数
		外资企业数
		累计办结境外投资项目数
		中方投资总额
		进出口总值
		入驻持牌金融机构数
		新兴金融机构数
		自由贸易账户数
		累计账户收支总额
		企业经营总收入
		商品销售额
		航运物流服务收入
		税务部门税收
		工业总产值
		跨境人民币结算总额
		跨境人民币境外借款业务累计金额
		跨境双向人民币资金池业务收支总额

（1）缺乏自贸区全区域统计指标数据。上海自贸区所公布的统计指标和统计数据所涵盖的统计范围不统一，上海自贸区范围涵盖外高桥保税区、外高桥保税物流园区、洋山保税港区和上海浦东机场综合保税区，但其部分统计指标和统计数据仅包含其中一个或几个区域，上海自贸区尚未公布完整的全区域内的统计数据。

（2）统计指标不全面。上海自贸区所公布的统计指标仅包含少量经济运行指标，缺乏社会、民生、环境等全方位的自贸区统计指标，因此无法构成完整的统计指标体系。

二、广东自贸区统计指标体系构建现状

广东自贸区于 2014 年 12 月 31 日经国务院正式批准设立。广东自贸区的实施范围为 116.2 平方千米，涵盖三个片区：广州南沙新区片区 60 平方千米，深圳前海蛇口片区 28.2 平方千米，珠海横琴新区片区 28 平方千米。广州自贸区依托港澳、服务内地、面向世界，欲将自贸区建设成为全国新　轮改革开放先行地、21 世纪

海上丝绸之路重要枢纽和粤港澳深度合作示范区。

2016 年 12 月至 2017 年 5 月，本书项目研究小组跟随第三方评估队伍前往广东自贸区调研，对南沙片区中的 10 个国有企业、合资企业、外资企业和科研单位进行了实地访谈，了解广东自贸区发展现状和统计工作中存在的问题。

广东自贸区是当时已建成的四大自贸区中统计指标及统计数据公布最多的地区，见表 4-2，但依旧存在以下问题。

表 4-2　广东自贸区广州南沙新区片区已公布统计指标

范围	一级指标	二级指标
广东自贸区广州南沙新区片区主要经济指标	地区生产总值	地区生产总值合计
	农业	农林牧渔业总产值
	工业	工业总产值
		规模以上工业产值
		工业增加值
	建筑业	建筑业增加值
	交通运输	港口货物吞吐量
		集装箱吞吐量
	国内商贸业	商品销售总额
		社会消费品零售总额
	固定资产投资	固定资产投资额
		房地产开发
	利用外资	签订合同数
		合同利用外资
		实际利用外资
	进出口总值	进出口总额
	财政及税收	一般公共预算收入
		一般公共预算支出
		税收收入总额

（1）缺乏完整的统计指标及指标数据。广东自贸区三个片区中只有广州南沙新区片区公布了较完整的统计指标体系及统计指标数据，其他两个自贸片区没有公布相应的统计指标体系及指标数据。因此，并没有完整的全区域的统计指标数据。

（2）统计范围不明确。就广州南沙自贸片区所公布的统计指标及统计数据来看，并未明确区分广州南沙新区和南沙自贸区，因此其统计范围不明确，不能准确反映自贸片区的统计信息。

（3）统计指标不全面。广东自贸区所公布的统计指标只涵盖主要经济指标，缺乏社会、民生、环境等全方位的自贸区统计指标，因此无法构成完整的统计指标体系。

三、福建自贸区统计指标体系构建现状

2014 年 12 月 31 日，国务院正式批复设立福建自贸区。福建自贸区从此成为中国内地继上海自贸区之后的第二批自贸区之一。福建自贸区范围总面积 118.04 平方千米，包括平潭、厦门、福州 3 个片区。其中平潭片区 43 平方千米、厦门片区 43.78 平方千米、福州片区 31.26 平方千米。

福建自贸区仅公布了累计新增企业数、新增内资企业数和新增外资企业数三个统计指标及指标数据，并没有以自贸区为统计范围的统计指标体系及涵盖多领域的统计数据，其统计状况有待发展。

四、天津自贸区统计指标体系构建现状

天津自贸区是中国中央政府在天津直辖市设立的区域性自贸区。它是中国内地北方第一个自贸区，也是继上海自贸区之后，中央政府设立的第二批自贸区之一。

天津自贸区公布的天津自贸区经济运行数据包括新登记市场主体数据和主要经济指标数据（表4-3），其统计现状存在的问题和上海自贸区相似，即缺乏自贸区全区域统计指标数据和统计指标不全面。

表 4-3　天津自贸区已公布统计指标

范围	一级指标	二级指标
天津自贸区 主要经济指标	新登记市场主体数据	市场主体数
		内资企业数
		外资企业数
		个体工商户
	主要经济指标数据	固定资产投资总额
		商品销售总额
		社会消费品零售总额
		实际利用外资金额
		实际利用内资金额
		一般公共预算收入

五、中国四大自贸区政府管理体制

由于我国自贸区设立时间较短，管理体制还不成熟，正处于探索之中。本书分别对我国四个自贸区的管理体制现状进行说明，见表4-4。

表4-4 中国自贸区管理体制现状

管理体例	上海自贸区	天津自贸区	广东自贸区	福建自贸区
管理层级数	3	3	2	2
省（市）级层面及主要职责	上海自贸区推进工作领导小组及其办公室；负责自贸区建设的各项推进工作	天津自贸区推进工作领导小组；负责自贸区建设的各项推进工作	广东自贸区工作办公室；负责自贸区建设的各项推进工作	福建自贸区工作领导小组办公室；负责自贸区建设的各项推进工作
区级层面及主要职责	在浦东新区层面，自贸区管理委员会与浦东新区人民政府合署办公，承担统一管理自贸区各功能区域，推进浦东全区落实自贸区改革试点任务的主体责任	天津自贸区管理委员会；统一管理自贸区各功能区域	无	无
片区层面及主要职责	设置5个区域管理局，分别为保税区管理局、陆家嘴管理局、金桥管理局、张江管理局、世博管理局。保税区管理局负责管理保税区域（28.78平方千米）的行政事务，委托浦东新区管理。陆家嘴、金桥、张江、世博4个区域管理局，与陆家嘴金融贸易区管理委员会、金桥经济技术开发区管理委员会、张江高科技园区管理委员会、世博地区开发管理委员会合署办公。各管理局分别负责落实各区域的自贸区改革试点任务，同时仍全面负责管理原管辖范围内的行政事务	天津港东疆片区办事处、天津机场片区办事处和滨海新区中心商务片区办事处；主要负责处理本区域内的经济管理和社会管理具体事务	广东自贸区珠海横琴新区片区管理委员会；广东自贸区深圳前海蛇口片区管理委员会；广东自贸区南沙新区片区管理委员会；各片区负责管理片区的各项工作和依法承担自贸区有关行政事务	福州、厦门和平潭片区管理委员会；各片区管理委员会负责各自片区管理工作

本书将在政府管理体制研究的基础之上，对国内自贸区的政策、运行机制、创新领域和创新成果、发展现状、发展问题及发展方向进行深入的学习和研究，不仅如此，还应将自贸区发展的文化产业等软实力研究加入到自贸区理论研究中

来。这有助于构建全面的、可持续发展的统计指标体系。同时，有针对性地对大连自贸区的具体情况进行调研，为进一步协助自贸区发展做出更多贡献。

六、自贸区统计现状总结

从我国四大自贸区统计现状来看，我国自贸区统计现状仍处于起步期，普遍存在以下三大问题。

（1）统计范围不明确，统计数据不准确。由于自贸区划分范围分散、片区众多这一特点，统计范围分散，统计工作量大且难以准确划分区域，目前国内自贸区均存在统计范围不明确、统计数据不精确的问题，导致除新增主体指标外，难以提供准确的自贸区统计数据。

（2）统计指标不全面，无法构成指标体系。四大自贸区所公布的统计指标均为主要经济运行指标，缺乏社会、生态和民生等重要领域的统计指标及数据。

（3）自贸区政府主管部门无力创新。自贸区的创新主要集中在操作层面，如流程的优化、便利程度的提升、时间的缩短等创新。但缺乏围绕企业的需求展开的创新，企业希望得到实实在在的好处和支持，而期望与现实自贸区的发展存在非常大的距离，制度创新与企业需求的结合紧密度不够依然成为限制自贸区发展的重点因素。归其原因，自贸区真正的创新主体不是管理委员会而是政府机构及相关部门。创新的主体是国家各部委及执行自贸区战略的地方政府，这些政府部门需要积极地参与到自贸区发展过程中，并授予执行部门（如自贸区管理委员会）更大的实质性权力。比如海关，海关的创新措施，需要经过海关总署的批准和认可，而自贸区的海关部门只是执行部门，根本不具有创新的权力，凡有任何实质性创新都要经过上级部门的同意。统计指标体系的创新发展，需要国家政策的扶持，相反地，统计指标体系的发展成果又能促进政策的改革和创新。

构建创新型自贸区统计指标体系，需要首先解决以上几点问题。明确自贸区统计范围是推进我国自贸区统计现状发展的关键一步，也是自贸区发展的必经之路。在此基础之上，建立一套完整的统计指标体系，才能保证该体系的准确性、可比性和权威性。

第二节　中国四大自贸区第三方评价指标体系

截至 2018 年，我国已经批复的 12 个自贸区分别拥有自身的定位，并主要针对其定位展开专项发展，这就使得自贸区统计指标体系不仅要涵盖总体指标，还要具有针对性地体现地区特色的统计指标。

在此基础上，中国自由贸易试验区协同创新中心协同上海财经大学自由贸易区研究院对我国四大自贸区进行了第三方评估，并给出了评估指标体系，见表4-5至表4-8。该指标体系虽然较侧重于自贸区经济发展，无法全面描述自贸区发展全貌，但针对四大自贸区定位不同所给出的专项评估指标存在借鉴意义。

表4-5　广东自贸区专项评估指标：服务贸易开放度

领域	一级指标	二级指标
服务贸易开放度	金融服务领域	银行服务
		专业健康医疗保险
		融资租赁
	航运服务领域	远洋货物运输
		国际船舶管理
	商贸服务领域	增值电信
		游戏机、游艺机销售及服务
	专业服务领域	律师服务
		资信调查
		旅行社
		人才中介服务
		投资管理
		工程设计
		建筑服务
	文化服务领域	演出经纪
		娱乐场所
	社会服务领域	教育培训
		医疗服务

表4-6　上海自贸区专项评估指标：金融中心建设

领域	一级指标	二级指标
金融中心建设	金融功能拓展	金融服务业对民营和外资全面开放
		自贸区内设立外资银行和中外合资银行
		面向国际的金融市场交易平台，境外企业参与商品期货交易
		股权托管交易机构在区内建立综合交易平台，人民币跨境再保险业务
		境外股权投资

表 4-7　天津自贸区专项评估指标：京津冀制造业升级

领域	一级指标	二级指标
京津冀 制造业升级	辐射带动功能	加工贸易结算业务
		加工贸易转型公共服务平台建设
		加工贸易产品内销平台建设
		外贸综合服务企业培育情况
		大宗商品现货交易和国际贸易

表 4-8　福建自贸区专项评估指标：两岸经贸合作

领域	一级指标	二级指标
两岸经贸合作	两岸经贸自由化	台资企业进入自贸区准入限制
		闽台认证及相关检测业务互认制度
		台湾及外籍高层次人才服务体系
		闽台服务业人员职业资格互认
		闽台口岸监管机制
		国际数据专用通道

依据四大自贸区的定位不同，即广东自贸区面向港澳，侧重服务贸易自由化；上海自贸区面向全球，侧重金融中心；天津自贸区面向东北亚，促进京津冀制造业升级；福建自贸区面向台湾，侧重两岸经贸合作，分别进行专项评估指标设计。专项评估指标权重占整个评估的权重为 30%。

第三节　我国综合发展评价指标体系解读

中国统计学会课题组根据科学发展观的内涵与要求构建的综合发展评价指标体系，是应我国"十二五"规划的要求所建立的，其意在于加快制定并完善有利于推动科学发展、加快转变经济发展方式的绩效评价考核体系和具体考核办法，弱化对经济增长速度的评价考核，强化对结构优化、民生改善、资源节约、环境保护、基本公共服务和社会管理等目标任务完成情况的综合评价考核，见表 4-9。

表 4-9　中国综合发展评价指标体系

一级指标	二级指标	三级指标
经济发展类指标	经济增长	人均 GDP、GDP 指数
	结构优化	服务业增加值占 GDP 比重

续表

一级指标	二级指标	三级指标
经济发展类指标	居民消费占 GDP 比重	
	高技术产品产值占工业总产值比重	
	城镇化率	
	发展质量	财政收入占 GDP 比重、全社会劳动生产率
民生改善类指标	收入分配	城乡居民收入占 GDP 比重
	基尼系数	
	城乡居民收入比	
	生活质量	城镇居民人均可支配收入、农村居民人均纯收入
	城乡居民家庭恩格尔系数	
	人均住房使用面积	
	城镇保障性住房新开工面积占住宅开发面积比重	
	互联网普及率	
	每万人拥有公共汽（电）车量	
	平均预期寿命	
	劳动就业	城镇登记失业率
社会发展类指标	公共服务支出	人均基本公共服务支出、基本公共服务支出占财政总支出比例
	区域协调	地区经济发展差异系数
	文化教育	文化产业增加值占 GDP 比重
	平均受教育年限	
	卫生健康	5 岁以下儿童死亡率
	社会保障	基本社会保险覆盖率
	农村、城镇居民享受最低生活保障人口比例	
	社会安全	社会安全指数
生态建设类指标	资源消耗	单位 GDP 能耗
	单位 GDP 水耗	
	单位 GDP 建设用地占用	
	二氧化碳排放	人均二氧化碳排放量、单位 GDP 二氧化碳排放量
	环境治理	环境污染治理投资占 GDP 比重
	工业"三废"①处理达标率	
	城市生活垃圾无害化处理率	
	城镇生活污水处理率	
	环境质量指数	

---

① 工业"三废"是指工业生产过程中排出的废气、废水、固体废弃物。

续表

一级指标	二级指标	三级指标
科技创新类指标	科技投入	万人R&D人员全时当量、R&D经费支出占GDP比重
	科技产出	高技术产品出口占总出口比例
	万人专利授权数	
公众满意指标	公众对综合发展成果的满意度	采用民意调查，用于衡量公众对于综合发展的主观感受和认可程度

该综合发展评价体系具有以下特点。

（1）导向性。该指标体系充分发挥了导向、引领作用，激励各地区进一步增强科学发展意识和发展能力，创新体制机制，切实有效地加快科学发展进程。

（2）前瞻性。建立综合发展评价体系，要求视野开阔，着眼长远，不仅要兼顾已实现的全面建成小康社会的发展现状，而且要考虑21世纪中叶基本实现现代化的目标。

（3）开放性。综合发展指标体系的建立过程，保持了指标体系的动态性和开放性，根据地区发展的新情况、新特征及中国发展阶段的变化，及时对指标体系进行补充、完善和修订。

（4）可操作性。指标选择具有代表性，同时兼顾统计数据的可获得性，使指标可采集、可量化、可对比。该指标设置与中央"十二五"规划建议等相关国民经济和社会发展规划指标衔接一致，增强了指标体系的政策导向与实践意义。

（5）公认性。评价指标不仅要以客观指标反映地区发展的数量特征，更要把群众认可、满意作为一项重要的衡量标准，做到量化考评和定性考评相结合。因此，将综合发展评价体系引入公众评价指标，以充分考察人民群众的切身感受，提高公众对于发展的参与度和认可度，主观性指标的引入强化了"既看数字又不唯数字"的理念。

第四节　世界银行全球营商环境统计解读

（一）世界银行全球营商环境统计指标体系

世界银行2001年成立营商环境小组来构建营商环境指标体系，2003年发布第一份全球营商环境报告（Doing Business in 2004），到2017年已经发布了14期评估报告。评价指标体系也从最初5项一级指标（开办企业、员工聘用与解聘、合同保护、获得信贷和企业倒闭），20项二级指标，逐步完善到现在的11项一级指标，

43项二级指标（实际适用41项指标，其中劳动力市场监管指标未引入评价系统）。

从法治化和便利化角度，11项一级指标分为两类：一类反映监管过程的复杂程度和费用支出，包括开办企业、申请许可、获得电力、注册财产、缴纳税款、跨境贸易等6项指标；另一类反映法制保障程度，包括获得信贷、投资者保护、执行合同、企业破产和劳动力市场监管5项指标。

从企业生命周期角度，世界银行的研究以企业日常运营为核心，将企业全生命周期分为启动、选址、融资、容错处理等四个阶段。日常运行包括跨境贸易、缴纳税款2项指标，启动阶段包括开办企业、劳动力市场监管2项指标，选址阶段包括申请许可、获得电力、注册财产3项指标，融资阶段包括获得信贷、投资者保护2项指标，容错处理阶段包括执行合同、企业破产2指标，共11项指标。

综上所述，世界银行营商环境报告提供的11个领域的监管指标分别是：开办企业、申请许可、获得电力、注册财产、获得信贷、投资者保护、缴纳税款、跨境贸易、执行合同、企业破产和劳动力市场监管，每年提供21 800个指标（每个经济体109个指标），见表4-10。

表4-10　世界银行营商环境报告指标体系

指标集	二级指标
开办企业	合法启动和经营公司的程序数
	完成每一个程序所需的时间/天
	完成每一个程序所需的成本
	最低资本金
申请许可	依法建立仓库的程序数
	完成每一个程序所需的时间/天
	采用新建筑条例完成每一个程序所需的成本
	建筑法规质量指标
	施工前质量控制指标
	施工过程中的质量控制指标
	施工后质量控制指标
	责任和保险制度指数
	专业认证指标
	建筑质量控制指标
获得电力	获取电连接的程序数
	完成每一个程序所需的时间/天
	完成每一个程序所需的成本
	关税指数的供应和透明度的可靠性
	电价/（美分/千瓦时）

续表

指标集	二级指标
注册财产	关于依法转让不动产所有权的程序数
	完成每一个程序所需的时间/天
	完成每一个程序所需的成本
	基础设施可靠性指标
	信息透明度指数
	地理覆盖指数
	土地纠纷解决指数
	土地管理质量指数
获得信贷	法律权利指数
	信用信息指数
	信用社报道
	信用登记覆盖率
	公共注册处覆盖范围
投资者保护	披露程度指数
	股东权益指数
	董事责任程度指数
	所有制和控制权指数
	缓解股东诉讼指数
	企业透明度指数
	利益调整冲突程度指数
	股东治理指数程度
	少数民族投资者保护指数
缴纳税款	一家制造业公司年度的纳税支付（电子和联合申请付款的调整数）
	所需时间
	总税率
	postfiling 指数（2017 年新加入指标）
跨境贸易	文书单据的符合
	边境的依从性
	国内运输
执行合同	通过法院强制执行合同所需的时间/天
	通过法院强制执行合同所需的费用
	法院结构与诉讼指标
	个案管理指数
	法院自动化指数
	替代争端解决指数
	司法过程质量指数
企业破产	追讨债务所需时间/年
	恢复债务所需的成本
	结果

续表

指标集	二级指标
企业破产	有担保债权人的回收率
	诉讼程序指标
	债务人资产管理指标
	重整程序指标
	债权人参与指数
	破产框架指数
劳动力市场监管	改变招聘规则
	雇员、工作时间
	冗余成本
	工作质量

（二）全球营商环境统计指标判定方法

《营商环境报告》采用简单平均法对分项指标进行加权，计算排名和前沿距离。前沿距离就是一个经济体的营商环境与最佳经济体营商环境的差距。世界银行对营商环境指标体系中的各项指标，都用前沿值和最差值作为判定一个经济体好与坏的标准。由于没有什么有力的理论框架来赋予各个议题不同的权重，《营商环境报告》就采用最简单的方法，即对所有议题进行均等加权，而每个议题内部的各个组成部分也具有相同的权重。

《营商环境报告》获取和检验数据的流程如下：首先，营商环境报告的团队与学术顾问开发每个指标集的问卷，并将其发送给私营部门的从业者和政府官员，调查问卷使用一个简单的商业案例，以确保跨经济体的可比性；其次，营商环境报告的团队分析了相关的法律和法规及调查问卷中的信息后，会与政府共享改革的初步信息，分析数据并撰写报告；最后，在世界银行的网站上发表和传播其报告。该团队将其研究成果与各个研究国家的政府共享，使该报告具有更加权威的地位，该指标体系也更具国际可比性。

（三）全球营商环境统计指标评价特点

（1）评价的主体是企业。营商环境评价围绕市场主体展开，评价体系就是世界银行为衡量各国企业运营的客观环境而设计的。世界银行对企业的生存周期划定为"企业开办、企业扩建、经营、破产"四个阶段，每个阶段均有一些因素影响或制约企业的运营。营商环境是伴随企业活动整个过程的各种周围境况和条件的总和，包括影响企业活动的社会要素、经济要素、政治要素和法律要素等。

（2）指标可量化。世界银行认为，"营商环境"就是在一个国家或地区创办和经营企业的难易程度，主要包含企业在开设、经营、贸易活动、纳税、执行合约及关闭等方面遵循政策法规所需付出的时间和成本等条件。营商环境评价指标体系采取问卷调查及案例分析的方法，用一个客观的视角来衡量各国的营商环境优劣。

（3）成本和效率是基本要求。世界银行对营商环境的定义就是一个企业在开设、经营、贸易活动、纳税、关闭及执行合约等方面遵循政策法规所需要的时间和成本等条件。"时间、成本、费用"是涵盖11个重要指标的全部内容，是评价体系的关键词。

（4）可比较性和可借鉴性。作为较为完善的评价体系，营商环境评价指标体系目前已被各国广泛认可，成为衡量营商环境优劣的标准，受到各国政府及投资者的关注。世界银行每年发布《全球营商环境报告》，记录一些关键性营商改革的案例，为各国理解和改善营商环境提供借鉴和参考。比如，2016年10月发布的《2017年营商环境报告：人人机会平等》，报告显示自2015年6月至2016年6月全球共有137个经济体推行了283项关键性营商改革，使全球营商环境和中小企业创立运营便利度不断改善。自2003年首次推出《营商环境报告》以来，世界银行共记录了443项纳税指标改革，数量仅次于简化开办企业要求的改革。

（5）提倡政府的"聪明管理"。世界银行认为，优良的营商环境即政府需要提供清晰、透明、高效的监管规则，有助于推动市场运行，同时不对企业发展设置不必要的障碍，实现"聪明的"监管，而不是一味减少监管或没有监管。改善营商环境的终极目标即为企业提供更为便利的氛围、更加透明的空间。政府应在实现有效监管和防止监管负担过重这两者之间不断维持平衡，以达到改善营商环境的目的。

世界银行营商环境测度模型的核心是反映保障私营企业建立、运营和发展壮大的制度环境和法制环境；重点是营商的便利性、效率、成本和公平的市场环境，突出私营部门追求平等市场地位的诉求；针对的对象是内资中小型企业。这也反映了该模型存在的局限，它忽略了许多重要的领域，如安全、市场规模、宏观经济稳定性、市场经济条件下的政商关系等。

（四）营商环境"国际化"的深刻内涵

"国际化"不仅是一个定语和前置条件，而且反映了营商环境建设的深刻内涵。国际化营商环境是一个地区开展国际交流合作、参与国际竞争的重要依托，是区域竞争力的重要体现。打造国际化营商环境，有利于提高对国内外投资者的吸引力和凝聚力。其要求应当包括以下五方面。

（1）国际化的规划建设体系。坚持统筹规划、规划统筹，把"多规合一"改革作为建立可持续发展新机制的重要平台，推动出以项目为主导向以规划为主导转变，建立以规划为主导的经济发展管理体系。全面提高城市规划建设水平和管理服务水平。以世界发达国家的著名国际化城市为参照，改变城市规划滞后于经济社会发展的状况。合理开发利用有限的土地资源，使规划有利于经济结构的战略重组，为高新技术产业、先进制造业和现代服务业等支柱产业的发展提供空间保证，使基础设施建设达到国际标准。

（2）与国际接轨的经济运行方式。建设竞争、高效、规范的市场秩序，形成居于全国前列的对外开放程度，形成各种类型企业都能较为活跃且平等参与的市场竞争环境，形成较好的创新环境。建立与国际接轨的营商规则。接轨国际规则、国际惯例，引入国际通用的行业规范和管理标准，支持企业积极参与制定国际标准。鼓励境外研发机构参与本地科技创新计划，建立符合国际通行规则的科研项目管理和成果分享机制。

（3）开放型的新兴产业体系。紧紧追踪国际科技发展和国际产业布局调整的新趋势，加快推进产业结构调整，大力提升战略性新型产业的科技水平和生产水平，通过改造升级把装备制造业做大做强。使区域产业实力在国际价值链分工处于中游以上的水平，高新技术与知识型密集产业发展保持较快增长，服务业较为发达，成为商贸物流、旅游会展、金融服务的重要区域。

（4）国际化的政府运作制度。进一步理顺政府和市场关系，着力解决政府直接配置资源、管得过多过细，以及职能越位、缺位、不到位等问题。以建设法治政府、诚信政府、廉洁政府、服务型政府为目标，进一步推进简政放权、放管结合、优化服务改革，加快探索营商环境法治化、国际化、便利化市场取向体制机制改革，尽快形成以负面清单管理为核心的投资管理制度，以贸易便利化为重点的贸易监管制度，以服务实体经济发展为主的金融开放创新制度。

（5）高度开放的社会文化环境。在公共安全、公共服务、文化氛围等方面形成与国际接轨的体制机制，吸引全球先进生产要素集聚。打造稳定安全的公共环境，健全社会和谐共治机制，完善均衡优质公共服务。加强国际社区建设，为国际人群提供良好的城市居住环境。形成多元包容的城市文化形态。建设多元开放的"文化城市"，打造国内外有影响力的文化艺术交流平台，提升城市文化品位和品质。市民普遍具有较高的道德水准、教育素质和法律意识，具有开放和亲商重商意识，在包容国际文化的同时具有地方文化特色。

（五）世界银行评价体系中的各项前沿水平

所谓"前沿距离"，是指每个经济体在各个相对指标上离"前沿水平"的差距。"前沿水平"是指从2003年来或者从该指标收集进入营商环境指标体系中开始，营商环境报告包含的所有经济体在所有年份中达到的历史最高水平。"前沿距离"是一个绝对指标，它可以用于对一个经济体的某个相对指标的纵向比较和分析。单个指标分为0~100的区间，100代表"前沿水平"，数值越高，说明该经济体在该指标上的监管效率越高，法律制度越完善。反之，说明该经济体在该指标上的便利度较低。

实际评价中，单项的"前沿水平"按各经济体前 1%或 5%水平取值。学习借鉴各个领域营商环境的世界前沿水平，是我们打造国际化营商环境的重要参考，特别是在简化程序、提高效率、减轻企业负担等方面，需要通过进一步转变政府职能，实现改善营商环境的重大突破。

（六）拓展研究 1——中韩营商环境对比分析

本书作者曾深入研究过世界银行发布的《营商环境报告》，并针对中国和韩国营商环境做过细致的比较分析。在本节作为拓展性内容展示。

表 4-11 为中韩营商环境一级指标的得分数据，由表中数据可知韩国营商环境一级指标的得分均高于中国营商环境一级指标的得分。从营商环境一级指标得分中可直观地看出二者在各一级指标之间的差异。其中，就开办企业、申请许可、获得信贷和跨境贸易而言，韩国的营商环境明显优于中国；除此之外，在投资者保护、缴纳税款和企业破产方面，二者亦存在较大差距；而在获得电力、注册财产和执行合同三个指标上，二者的差异较小。

表 4-11　2018 年中韩一级指标得分数据表

一级指标	韩国得分	中国得分
开办企业	81.245 51	50.472 1
申请许可	82.151 65	44.422 06
获得电力	59.005	53.74
注册财产	83.420 97	74.651 43
获得信贷	99.873 75	66.855 14
投资者保护	80.004	56.802
缴纳税款	81.824 85	67.201 93
跨境贸易	92.178 98	54.176 48
执行合同	95.076 33	83.287 42
企业破产	97.971 03	74.447 06

资料来源：根据世界银行 2018 年全球营商环境数据整理所得（http://www.worldbank.org/）

为探索中韩营商环境具体在哪些方面存在差异，研究组借助 SPSS 19.0 软件对二者营商环境的二级指标进行方差分析，见表 4-12。

表 4-12　方差分析表

指标	方差分组	平方和	df	均方	F 值	p 值	指标	方差分组	平方和	df	均方	F 值	p 值
开办企业-程序	组间	6 721.588	1	6 721.588	43.408	0.000	投资者保护-股东诉讼指数	组间	2 560	1	2 560.000	256.0	0.000
	组内	2 167.858	14	154.847				组内	80.000	8	10.000		
	总数	8 889.446	15					总数	2 640.000	9			
开办企业-时间/天	组间	6.423	1	6.423	8.007	0.013	投资者保护-投资者保护指数	组间	66.568	1	66.568	9.000	0.024
	组内	11.231	14	0.802				组内	44.379	6	7.396		
	总数	17.654	15					总数	110.947	7			
开办企业-成本	组间	14.197	1	14.197	42.053	0.000	缴纳税款-纳税/次	组间	75.179	1	75.179	11.35	0.005
	组内	4.389	13	0.338				组内	92.761	14	6.626		
	总数	18.586	14					总数	167.940	15			
最低法定资本金	组间	0.345	1	0.345	0.267	0.613	缴纳税款-时间/小时	组间	0.925	1	0.925	22.535	0.000
	组内	18.062	14	1.290				组内	0.575	14	0.041		
	总数	18.407	15					总数	1.500	15			
申请许可-程序/个	组间	9 015.034	1	9 015.034	300.995	0.000	缴纳税款-应税总额	组间	2.781	1	2.781	55.876	0.000
	组内	419.311	14	29.951				组内	0.697	14	0.050		
	总数	9 434.345	15					总数	3.478	15			
申请许可-成本	组间	223.740	1	223.740	4.230	0.059	跨境贸易-出口文件数/件	组间	4 405.758	1	4 405.758	23.857	0.001
	组内	740.573	14	52.898				组内	1 477.392	8	184.674		
	总数	964.313	15					总数	5 883.150	9			
申请许可-时间/天	组间	45.195	1	45.195	69.591	0.000	跨境贸易-出口时间/天	组间	1 340.972	1	1 340.972	7.868	0.023
	组内	7.793	12	0.649				组内	1 363.454	8	170.432		
	总数	52.988	13					总数	2 704.426	9			
注册财产-程序/个	组间	2 270.587	1	2 270.587	1 430.727	0.000	跨境贸易-出口成本	组间	13.742	1	13.742	4.505	0.067
	组内	22.218	14	1.587				组内	24.401	8	3.050		
	总数	2 292.805	15					总数	38.143	9			
注册财产-时间/天	组间	17.551	1	17.551	0.769	0.395	跨境贸易-进口文件数/件	组间	6.534	1	6.534	44.349	0.000
	组内	319.586	14	22.828				组内	1.179	8	0.147		
	总数	337.137	15					总数	7.713	9			
注册财产-成本	组间	89.627	1	89.627	3.907	0.068	跨境贸易-进口时间/天	组间	6.265	1	6.265	22.207	0.002
	组内	321.163	14	22.940				组内	2.257	8	0.282		
	总数	410.790	15					总数	8.522	9			

指标	方差分组	平方和	df	均方	F值	p值	指标	方差分组	平方和	df	均方	F值	p值
获得电力-程序/个	组间	13.742	1	13.742	4.505	0.067	跨境贸易-进口成本	组间	1.854	1	1.854	0.088	0.774
	组内	24.401	12	3.050				组内	167.763	8	20.970		
	总数	38.143	13					总数	169.617	9			
获得电力-时间/天	组间	0.057	1	0.057	3.977	0.081	执行合同-程序/个	组间	56.830	1	56.830	2.926	0.126
	组内	0.115	12	0.014				组内	155.393	8	19.424		
	总数	0.172	13					总数	212.223	9			
获得电力-成本	组间	223.740	1	223.740	4.230	0.059	执行合同-时间/天	组间	3.580	1	3.580	1 270.153	0.000
	组内	740.573	12	52.898				组内	0.023	8	0.003		
	总数	964.313	13					总数	3.603	9			
获得信贷-信用信息指数	组间	0.020	1	0.019	245.258	0.000	执行合同-成本	组间	0.057	1	0.057	3.977	0.081
	组内	0.001	8	0.000				组内	0.115	8	0.014		
	总数	0.020	9					总数	0.173	9			
私营调查机构覆盖范围	组间	14 070.031	1	14 070.031	1 587.219	0.000	司法程序质量指数	组间	1.208	1	1.208	0.124	0.758
	组内	53.187	6	8.865				组内	19.425	2	9.713		
	总数	14 123.218	7					总数	20.633	3			
公共注册处覆盖范围	组间	4 756.141	1	4 756.141	2.699	0.152	企业破产-时间/年	组间	11.676	1	11.676	2.020	0.205
	组内	10 572.840	6	1 762.141				组内	34.673	6	5.779		
	总数	15 328.981	7					总数	46.349	7			
获得信贷-合法权利指数	组间	963.117	1	963.117	32.562	0.001	企业破产-成本	组间	11.676	1	11.676	2.020	0.205
	组内	177.469	6	29.578				组内	34.673	6	5.779		
	总数	1 140.586	7					总数	46.349	7			
获取信贷指数	组间	1 389.084	1	1 389.084	121.922	0.000	企业破产-回收率	组间	2.396	1	2.396	11 014.521	0.000
	组内	68.359	6	11.393				组内	0.003	12	0.000		
	总数	1 457.443	7					总数	2.399	13			
投资者保护-披露指数	组间	3.580	1	3.580	1 270.153	0.000	破产框架力度指数	组间	1.598	1	1.598	111.905	0.000
	组内	0.023	8	0.003				组内	0.057	4	1 427 397.639		
	总数	3.603	9					总数	1.655	5			
投资者保护-董事责任指数	组间	501.389	1	501.389	12.642	0.012							
	组内	237.963	6	39.660									
	总数	739.352	7										

表4-12为各二级指标的方差分析表，由表中数据可知，在开办企业方面，中

国和韩国在开办企业所需的程序、时间和成本方面均表现出显著的差异；但开办企业最低法定资本金方差分析的 p 值为 0.613，大于 0.05，未达到差异显著性水平，表明二者在这一指标上的差异不显著。

在申请许可方面，除在申请许可所需的成本方面不存在显著性差异，中国和韩国在申请许可所需的程序和时间这两个指标上均存在显著性的差异。

在注册财产方面，中国和韩国仅在注册财产所需的程序这一指标上存在显著差异，注册财产所需的时间、成本的方差分析的 p 值分别为 0.395、0.068，均大于 0.05，表明二者在这两个指标上不存在显著性差异。

获得电力所包含的 3 个二级指标的方差分析的 p 值分别为 0.067、0.081、0.059，均大于 0.05，未达到显著性水平，即中国和韩国在这三个指标间的差异不显著，亦即中国和韩国在获得电力方面不存在显著性差异。

在获得信贷下属的 5 个二级指标中，仅有公共注册处覆盖范围方差分析的 p 值大于 0.05，为 0.152，中国和韩国之间不存在显著性差异，剩余 4 个指标方差分析的 p 值均小于 0.05，说明中国和韩国在获得信贷方面有较大的差异。

中国和韩国除在获得信贷方面存在较大的差异外，在投资者保护和缴纳税款方面的差异也比较显著，投资者保护所包含的 4 个二级指标和缴纳税款包含的 3 个二级指标的方差分析的 p 值均小于 0.05，达到了显著性水平，表明中国和韩国在这 7 个二级指标和 2 个一级指标之间存在显著性的差异。

除此之外，二者在跨境贸易方面的差异也比较明显，在跨境贸易包含的 6 个二级指标中，二者在出口成本和进口成本这两个指标上不存在显著性差异，在其他 4 个指标上均表现出二者存在显著性的差异。

相比之下，由于中国和韩国仅在执行合同所需的时间上存在显著差异，而在执行合同所需的程序和成本，以及司法程序质量指数方面均不存在显著性差异，表明二者在执行合同方面存在的差异性较弱。

对于企业破产包含的 4 个二级指标，中国和韩国在回收率和破产框架力度指数这两个指标上有着显著性的差异，而在企业破产所需的时间和企业破产的成本方面，方差分析结果表明，二者之间的差异性并不显著。

在上述分析中可知，中国与韩国在开办企业的程序、时间、成本，申请许可的程序和时间，注册财产的程序，执行合同的时间，跨境贸易的文件和时间方面都具有显著差异；在缴纳税款、投资者保护、获得信贷、破产处理方面的差异性也较强，且中国的表现略差于韩国。所以，中国未来提升优化营商环境需要在政府监管和法治保障方面狠下功夫。

（七）拓展研究 2：已发布的中国自贸区指标体系介绍

1. 中国自贸区卓越指数指标体系[①]

2018 年 3 月 17 日，《自贸区卓越指数指标体系》在上海发布，该指标体系源自世界自由区组织（World Free Zones Organization）2016 年 5 月在迪拜举行的第二届国际年会和展会中所提出的"未来自贸区计划"。结合自贸区未来的发展方向，从营商便利、经济贡献、创新创业、可持续性四个维度设计了一整套指标体系，以评估自贸区的发展质量，并引领自贸区向国际更高水平发展。

营商便利维度包括投资便利化、贸易便利化、法制保障 3 个一级指标，以及 7 个二级指标。该指数旨在反映自贸区运行的"自由化"制度环境。其中，投资便利化一级指标旨在反映自贸区投资便利化实现程度，下设市场准入、开办企业、跨境资金流动 3 个二级指标。贸易便利化一级指标旨在反映自贸区贸易便利化实现程度，下设口岸通关时间、口岸通关成本 2 个二级指标。法制保障一级指标旨在反映自贸区法制保障实现程度，下设知识产权保护、纠纷解决效率 2 个二级指标。

经济贡献维度指的是自贸区对周边经济体乃至整个国家的贡献程度。经济贡献维度可以从质的方面来体现，如提升了国家在全球价值链上的水平，或者促进了贸易转型升级，这都说明经济的活跃程度高，经济质量有所改善；经济贡献维度还可以从量的角度来衡量，从自贸区对周边经济体乃至整个国家的在投资、贸易方面的辐射作用和金融服务的提供来体现。经济贡献维度下共设有 3 个一级指标，即全球价值链水平提升、贸易升级和经济辐射效应。其中，全球价值链水平提升旨在显示自贸区通过好的营商环境吸引位于全球价值链高端的跨国公司和外资企业，从而带动自贸区乃至整个国家在全球价值链水平上有所提升，下设跨国公司总部经济贡献和外资企业经济贡献 2 个二级指标。贸易升级旨在显示转口贸易、离岸贸易和服务贸易等是否发挥着外贸"助推器"作用，是否有力促进了对外贸易转型升级，下设货物贸易结构和服务贸易发展 2 个二级指标。经济辐射效应是显示自贸区是否对周边经济体乃至全国经济有贡献的重要方面，下设投资辐射、贸易辐射和金融服务 3 个二级指标。

创新创业维度旨在衡量自贸区促进知识和技术创新、中小企业发展的绩效，包括创新投入、创新产出、中小企业发展 3 个一级指标，以及 5 个二级指标。其中，创新投入一级指标旨在衡量自贸区创新中的人力、财力投入情况，是自贸区实施创新驱动战略的基础，下设研发投入和外籍研发人才 2 个二级指标。创新产

---

① 资料来源："上财中国自由贸易试验区发展指数"首发 上海居首，http://cicftz.shufe.edu.cn/29/2e/c4474a76078/page.htm[2016-09-24]。

出一级指标旨在通过专利、商标申请，衡量自贸区促进创新的产出成果。中小企业发展一级指标旨在反映通过自贸区制度创新，营造有利于中小企业发展的良好环境，促进中小企业发展，下设新设企业和企业生存能力 2 个二级指标。

可持续性维度则用于衡量自贸区促进可持续发展的绩效，包含 3 个一级指标。其中，环境友好指标旨在为区域提供成为合格绿色区域的标准，作为一种新的环境保护理念，它能够将人类对环境问题根源及经济社会发展观的认识提到一个新的高度，下设资源的高效与循环利用 1 个二级指标。而适宜工作指标显示，要营造一个安全的自贸区环境，还要把人的技能发展和提高生活质量作为生态系统的一个组成部分。一个积极、相互尊重的工作环境不但能帮助区域留住最顶尖的人才，还能够使得工作更加有效率。下设劳动保障和教育培训 2 个二级指标。社会责任指标则是参考了国际流行指标，将其定义为"公共责任"这一二级指标。项目组认为，积极和一致的企业社会责任举措对市场整合与长期品牌意识和商誉的发展至关重要，而这又会成为竞争优势。

根据当前的发展趋势和企业对综合性多样化服务功能的需要，自贸区在保有促进国际贸易、保税仓储、出口加工三大基础功能的基础上，还须包含拓展国际投资功能、国际物流功能和金融服务的功能。同时，在全球高端要素跨境流动便捷高效、自由规范条件下，提升发展国际贸易、国际投资、国际金融、国际航运、国际物流、国际制造等产业的全球化功能，使自贸区成为集聚配置全球高端要素及提升国际产业竞争力的重要开放型平台。

因此，《自贸区卓越指数指标体系》参照国际权威指标体系（"营商环境指数""贸易促进指数""贸易和发展指数""全球竞争力指数""全球自贸区排名""全球经济自由度指数""全球繁荣指数""全球创新指数""硅谷指数""全球知识竞争力指数""道琼斯可持续发展指数""富时社会责任指数""环境绩效指数""世界发展指标"等），借鉴以上指标体系的理念、方法和一些具体指标。"自贸区卓越指数"四个维度采用"等权法"进行权数的分配，即各维度的权重均为 1/4。同时，对一级指标、二级指标、参量化数据同样采用"等权法"进行权数的分配，即各个量化数据的权重为 $1/n$（n 为该指标下参量化数据的个数）。

特别关注投资贸易自由、规则开放透明、监管公平高效、营商环境便利等核心要素引领，为中国自贸区确立国际化的最高标准及相应的发展目标和发展路径，推进投资管理服务体系、贸易监管服务体系、金融服务体系、政府管理体系现代化提供思路。

"自贸区卓越指数"为自贸区有针对性地查短板、补弱项，更好地推进改革系统集成提出了非常重要的指引。下一步将推动利用好这一指标体系，对自贸区 2015~2018 年的建设成果进行全面的评价，与国际最高标准、最高水平进行逐一对标。

2. 中国自贸区发展指数[①]

中国自贸区发展指数是上海财经大学项目组综合调研 2000 多家企业、社会公众、相关专家及公开披露的经济数据得出的结果。该指数考虑了自贸区内投资、外贸、财政、金融、就业等各领域的变动及相互影响，结合自贸区发展的特点，可以衡量自贸区综合发展状态并寻找自贸区周期性的发展规律。

其中，"发展指数"从主观和客观两个维度来考察自贸区的发展，并分别从信心、创新和影响三个层面来界定评价指标体系，用来评估上海、天津、广东和福建四个自贸区的发展。

2016 年 9 月 24 日，上海财经大学首次发布了"上财中国自由贸易试验区发展指数"。总指数为 68.37（中性值为 50），处于中等偏上水平。分区域来看，上海自贸区的评分最高（69.33），而福建在最后为（66.91），广东（67.69）与天津（67.68）较为接近。这也说明上海先试先行的效果凸显。

项目组构建的自贸区发展指数包含发展信心指数、创新力指数和影响力指数。

信心指数根据企业和公众对自贸区发展的主观判断和心理感受进行编制，反映出大众和企业对自贸区未来发展的信心。结果显示，综合发展信心指数为 80.96，显示出自贸区对改革开放、地区经济、企业发展和大众生活可以带来显著的正面影响，同时企业的获得感在进一步加强。

创新力指数用以衡量自贸区营商环境的优化效果，主要针对政府职能转变、投资领域的扩大开放、金融创新、贸易便利化及管理制度创新等五个方面。结果显示，自贸区发展的创新力指数为 81.04，略高于信心指数，这说明自贸区在制度创新方面发展速度加快，获取了企业、大众和专家的一致认可。从四个自贸区来看，上海为 81.98，广东为 81.39，天津为 80.49，以及福建为 80.41，上海和广东处于领先地位，在采取"证照分离"和事中事后监管等制度创新中走在了几个自贸区的前列。

影响力指数反映的是自贸区对区域经济发展和公众生活的影响及波及性。指数显示，自贸区的影响力指数为 80.73，上海为 81.62，广东为 79.82，天津为 77.88，以及福建为 77.53。这是因为上海自贸区作为第一个试点，其在经济发展上较为突出。自贸区对所在区域的经济发展推动力显著，也对人民的生活表现出影响力，但是对周边区域的影响尚需提高。

---

① 2017 中国自贸区发展指数发布：上海处于领先地位，http://www.xinhuanet.com/fortune/2017-09/16/c_129705817.htm[2017-09-16]。

第五章 自贸区创新型统计指标体系评估方法研究

自贸区统计指标评估是对错综复杂的中国自贸区经济、民生、生态、科技、市场准入、营商环境、产业发展等方面的定量与定性的研究，必须使用一定的专业技术与方法进行处理才能达到目的。学术界经常会使用以下几种方法或思想来研究解释统计指标评估问题。

第一节 HDI 测量法

创新型自贸区基础统计指标体系是从经济发展、民生改善、社会发展、生态建设和科技创新五个维度测量的综合性统计指数，每一维度都是构成具体某一方面的分指数，每个分指数又由若干个指标合成。其测评方法主要借鉴了联合国人类发展指数（human development index，HDI）的测量方法，基本思路是根据每个评价指标的上、下限阈值来计算单个指标指数（即无量纲化），指数一般分布在 0 和 100 之间，再根据每个指标的权重最终合成综合发展指数。此种方法测算的指数不仅横向可比，而且纵向可比；不仅可以比较我国各自贸区发展相对位次，而且可以考察每个自贸区自身综合发展的历史进程。

1. 指标上、下限阈值的确定

在计算单个指标指数时，首先必须对每个指标进行无量纲化处理，而进行无量纲化处理的关键是确定各指标的上、下限阈值。指标的上、下限阈值是指相应指标的最大值和最小值，以及全面建设小康社会标准值，同时对有些比例指标还参考了世界中等收入国家的平均值。将第 i 个指标的实际值记为 $Z_i =$

$\dfrac{\ln\left(X_{\max}^{i}\right)-\ln\left(X_{i}\right)}{\ln\left(X_{\max}^{i}\right)-\ln\left(X_{\min}^{i}\right)}$，权重为 W_i，下限阈值和上限阈值分别为 $X_{\min}^{i}$ 和 $X_{\max}^{i}$，无量纲化后的值为 Z_i。

2. 指标无量纲化

无量纲化，也叫数据的标准化，是通过数学变换来消除原始变量（指标）量纲影响的方法。正指标无量纲化计算公式：

$$I=\frac{X^{i}-X_{\min}^{i}}{X_{\max}^{i}-X_{\min}^{i}}\ 或\ Z_{i}=\frac{\ln\left(X_{i}\right)-\ln\left(X_{\min}^{i}\right)}{\ln\left(X_{\max}^{i}\right)-\ln\left(X_{\min}^{i}\right)} \qquad （5\text{-}1）$$

逆指标无量纲化计算公式：

$$Z_{i}=\frac{X_{\max}^{i}-X_{i}}{X_{\max}^{i}-X_{\min}^{i}}\ 或\ Z_{i}=\frac{\ln\left(X_{\max}^{i}\right)-\ln\left(X_{i}\right)}{\ln\left(X_{\max}^{i}\right)-\ln\left(X_{\min}^{i}\right)} \qquad （5\text{-}2）$$

3. 指标权重的确定

权重值的确定直接影响综合评估的结果，权重值的变动可能引起被评估对象优劣顺序的改变。所以，合理地确定综合评估发展各主要因素指标的权重，是进行综合评估能否成功的关键问题。本体系采取常用的专家打分法（即 Delphi 法）确定各级指标的权重。

4. 分类指数和总指数的合成

1）分类指数的合成方法

本统计指标体系由经济发展、民生改善、社会发展、生态建设、科技创新五个分类组成。将某一类的所有指标无量纲化后的数值与其权重按式（5-3）计算就得到分类指数。

$$I_{i}=\frac{\displaystyle\sum_{j=1}^{n}Z_{j}W_{j}}{\displaystyle\sum_{j=1}^{n}W_{j}} \qquad （5\text{-}3）$$

2）综合发展指数的合成方法

将综合发展评价指标体系中的每个指标无量纲化后的数值与其权重按式（5-4）计算就得到综合发展指数。

$$I=\frac{\displaystyle\sum_{i=1}^{n}Z_{i}W_{i}}{\displaystyle\sum_{i=1}^{n}W_{i}} \qquad （5\text{-}4）$$

第二节　分绩效贡献率分析法

在统计学上对一个整体的结构进行分析是一种基础的分析方法，它可以更直接、清晰地展示整体的组成部分及其比例，对于研究整体结构的合理性和组成部分在整体中的重要性等方面提供了途径。

为了对自贸区统计指标评估的结果进行更直接、深入的分析，我们也可以对其结构进行分析，为此我们引入了分绩效贡献率。分绩效贡献率是指各分绩效占总绩效的比率，记作 PCI。即

$$\mathrm{PCI}(j) = \frac{p_i}{P}\left(P = \sum_{i=1}^{n} p_i; i = 1, 2, \cdots, n\right) \tag{5-5}$$

每个指标的分绩效贡献率可组成一种数组，而同一指标下所有被评估单位的分绩效贡献率又可组成另一种数组。两种数组关系如表 5-1 所示。

表 5-1　分绩效贡献率表

指标序号	指标权重	被评估单位分绩效贡献率				
		单位 1	单位 2	单位 3	⋯	单位 m
1	W_1	a_{11}	a_{21}	a_{31}	⋯	a_{m1}
2	W_2	a_{12}	a_{22}	a_{32}	⋯	a_{m2}
3	W_3	a_{13}	a_{23}	a_{33}	⋯	a_{m3}
⋮	⋮	⋮	⋮	⋮		⋮
n	W_n	a_{1n}	a_{2n}	a_{3n}		a_{mn}

对 n 个数组 $[a_{11}, a_{21}, \cdots, a_{m1}]$ 的分析可从两个方面进行。

（1）对元素大小进行排序，计算元素累积贡献率，找出影响绩效大小的主要指标。

（2）分析分绩效贡献率数组的均值、标准差，分别对应指标权重 W_i 下的一数组，将 W_i 与分析结果进行比较，找出 W_i 与分绩效贡献率的相应定性关系，从这些分析中也可找出影响绩效值的主要因素。

第三节　BP 神经网络评价法

自贸区统计指标体系是一个复杂的非线性系统，各指标之间相互影响。在统

计指标评价中，BP 网络模型已成为研究物流系统的重要方法之一，BP 神经网络摒弃了这些假设，能够更好地适应系统的复杂性，提高关键因素识别的准确性。BP 神经网络构建过程如下。

1. 网络层数的确定

前人研究与经验表明，一个最基本的三层 BP 神经网络就可以模拟任何连续有界的函数，也可以解决所有的输入层到输出层的映射问题。因此，本书决定采用三层 BP 模型来进行大连市自贸区基础统计指标体系评价工作。

2. 传递函数的选择

常见的传递函数有 logsig、dlogsig、tansig、dtansig、purelin 和 dpurelin。从理论上讲，任何函数都可以选择，但在实际应用中，考虑到计算机的存储及运算、收敛速度、鲁棒性等因素，还是有所偏向。在函数传递过程中，如果样本输出小于等于零时使用 tansig，样本输出与此相反则多采用 logsig 函数，同时，一个三层的神经网络，如果第一层是 logsig，而第二层是 purelin，则它可以用来模拟任何连续有界的函数。再加上本书对输出层结果没有特别的要求，因此，确定输入层到隐层的函数为 logsig，隐层到输出层的函数为 purelin。

3. 训练函数的选择

训练函数的选择也是一个难题，由于本书统计指标样本容量有限，不能完全符合传统的 BP 网络模型，因此在选择训练函数时需做一些改进。

Matlab 中常用的改进训练算法有 5 种：TRAINLM、TRAINGD、TRAINGDM、TRAINGDA、TRNINGDX，每一种算法都有各自的优缺点，不能随意地选择，必须结合实例进行实验才能做出判断。

假设，确定 14 个输入神经元，9 个隐层神经元，1 个输出神经元，设定最大迭代次数为 5000 次，目标收敛精度为 0，用迭代次数和误差作为评价指标。

由分析结果可以看出 TRAINLM 只用了 5 步便达到了期望误差，这也是它的优点，即迭代次数最少和训练速度最快。但是它每次迭代时计算量最大，占用的存储空间最多，影响了计算机整体的运作效率和使用寿命，所以不建议采用；在这里 TRAINGD 的收敛速度很慢，TRAINGDM 和其一样慢，TRAINGDA 只是少了 13 步，都用了将近 5000 次才使结果在误差范围内，收敛精度却不是很好，另外，TRAINGDA 的曲线是一条波浪线，其收敛过程略有起伏，所以也不采用；TRNINGDX 用 2721 步就可以达到想要的精度，收敛精度比 TRAINGD、TRAINGDM、TRAINGDA 优越，训练次数比较少，因此，最后决定选择 TRNINGDX 作为训练函数。

4. 隐含层神经元数的确定

一般地讲，确定网络神经隐层单元神经元大概数目后，在极大值的基础上加上一两个神经元即可，目的是提升误差降低的速度，没有明确地规定具体该如何选择隐含层节点数目。

常见的方法有两种，第一种方法是实验比较法，从 1 到 n 逐个对同一样本集进行训练，根据训练结果从中选择最满意的神经元数目。

另外一种是采用以下的经验式：

$$K = \sqrt{N + M} + \rho \qquad (5\text{-}6)$$

其中，K 为隐层神经元的个数；N 为输入神经元的个数；M 为输出神经元的数量；ρ 在 1 到 10 之间。

第四节　博　弈　论

在评价指标权重中，同层次因素和不同层次因素之间均可能相互影响，导致权重计算很复杂，若较多信息不完整必须依靠人为判定时还会使得精确性降低。

博弈论在评价过程中不需要确定评价指标的权重，其评价模型的建立和计算受评价指标、方案和参与者数量的影响相对较小。通过建立量化的博弈数学模型，使求解结果更加直观精确，博弈论的这些优点使其已经被应用于包括评价指标构建的相应研究中。

博弈模型一般包括三部分的内容，一是参与人的集合；二是战略集合；三是效用函数。

1. 参与人集合 N 的确定

在自贸区统计指标构建的博弈模型中，最主要的参与人是政府、开发商和消费者。

（1）政府的自身利益最大化也就是整个社会综合效益的最大化。因此在博弈过程中，政府会着重考虑影响社会综合效益最大化的方面，如经济发展、社会发展和科技创新等指标。

（2）消费者更关注如民生改善、生态建设等指标，因为这些都与消费者每天的生活息息相关，关注这些指标就是关注自身利益的最大化。

（3）开发商更关注市场准入、政府效率、产业升级相关的指标，因为这些指标与开发商的利益息息相关。

2. 战略集合 S 的确定

战略是指参与人在博弈过程中相关行动选择，战略集合是指由各个参与人能采取的所有战略组成的集合。

3. 效用函数的确定

本书的效用函数是指相应战略（即相应评价指标体系）对参与人的效用函数。单个指标对参与人产生的效用函数应该由其对参与人的效用值和权重系数来确定。

$$U(x_i) = W_i u(x_i) \tag{5-7}$$

其中，W_i 为指标 x_i 的权重系数；$u(x_i)$ 为指标 x_i 的效用值。

某战略对参与人产生的总的效用函数就可以利用一般加权和法来计算。

$$U = \sum_{i=1}^{n} U(x_i) = W_1 u(x_1) + W_2 u(x_2) + \cdots + W_n u(x_n) \tag{5-8}$$

其中，$U(x_i)$ 为指标 x_i 的效用函数；W_i 为指标 x_i 的权重系数；$u(x_i)$ 为指标 x_i 的效用值。不同参与人相对于不同战略的效用矩阵如表 5-2 所示。

表 5-2　不同参与人相对于不同战略的效用矩阵

参与人	战略（评价指标体系）				
	A_1	A_2	A_3	$\cdots$	A_m
N_1	U_{11}	U_{12}	U_{13}	$\cdots$	U_{1m}
N_2	U_{21}	U_{22}	U_{23}	$\cdots$	U_{2m}
$\vdots$	$\vdots$	$\vdots$	$\vdots$		$\vdots$
N_n	U_{n1}	U_{n2}	U_{n3}	$\cdots$	U_{nm}

第五节　DEMATEL 法

决策实验室分析法，也称为决策试验与评价实验室法，可以通过确定评价指标系统中各个因素之间的逻辑关系并通过矩阵运算计算出每个因素的相关，从而确定系统中因素间的因果关系和每个因素在系统中的地位。DEMATEL 法常被用来研究存在相互关联的系统因素之间的关系，从而来探索问题本质。

1. 实施步骤

DEMATEL 法是一种结构化模型解析方法，常用来进行系统因素分析。决策实验室法以图论理论为基础并采用矩阵分析工具，通过分析系统中各因素之间的关联关系，构建系统各因素间的影响矩阵，最终计算出各个因素对其他因素的影响程度及被影响程度，从而得到每个因素的中心度与原因度，剖析出系统的关键影响因素。

决策实验室法的实施大体上可以分为如下步骤：①收集相关信息，确定系统组成的各因素；②确定系统组成因素间的相互关联关系；③根据系统组成要素关系，构建因素直接影响矩阵；④对上一步直接影响矩阵进行规范化；⑤确定系统因素综合影响矩阵；⑥计算系统各因素的影响度和被影响度；⑦计算系统各因素的中心度和原因度；⑧进行系统关键影响因素分析。

2. 具体分析方法

首先要对系统中的各个组成因素进行分析，确定各因素间的直接关联关系，将其各因素关系做成带权有向图，图中有向边上的权值表示相互因素之间关系的相关性。接下来依次执行下列步骤。

（1）构建系统因素直接影响矩阵 M。将系统各因素间关联关系使用一个矩阵 M 来表示，该矩阵称为直接影响矩阵。直接影响矩阵中的元素表示相应因素之间关系的关联性值。根据专家评分法，对已确定的各要素进行两两对比，要素之间的影响程度分为四个级别，如下表示：

$$F_{ij} = \left\{ 0\left(没有影响\right), 1\left(稍微影响\right), 2\left(较强影响\right), 3\left(非常影响\right) \right\}$$

构建一个直接关系矩阵 M，具体如下表示：

$$M = \begin{bmatrix} d_{11} & d_{12} & \cdots & d_{1n} \\ d_{21} & d_{22} & \cdots & d_{2n} \\ \vdots & \vdots & & \vdots \\ d_{n1} & d_{n2} & \cdots & d_{nn} \end{bmatrix}$$

（2）对直接影响矩阵进行规范化。将上一步生成的直接影响矩阵 M 作为初始矩阵进行规范化处理，求得规范化直接影响矩阵 N。规范化方法如下：

$$\begin{cases} N_{ij} = \dfrac{M_{ij}}{M^+} \\ M^+ = \max \left\{ \displaystyle\sum_{j=1}^{k} M_{ij} \right\} \quad (i = 1, 2, \cdots, k) \end{cases} \tag{5-9}$$

其中，k 为原直接影响矩阵的维数。M^+ 中的"+"为 $k \times k$ 阶矩阵中每行的代数和的最大值。

（3）求解系统因素综合影响矩阵。在规范化后的直接影响矩阵 N 的基础上，分析各因素间综合影响关系，根据式（5-10）求解综合影响矩阵 T。

$$T = N\left(I - N\right)^{-1} \tag{5-10}$$

其中，矩阵 T 中某元素 T_{ij} 为因素 i 对因素 j 的影响程度或称为因素 j 受因素 i 的影响程度，T_{ij} 的值越大表明因素 i 对因素 j 的影响程度或因素 j 受因素 i 的影响程度越大；符号 I 为与 N 同阶的单位矩阵，$(I-N)^{-1}$ 表示求逆矩阵。

（4）计算系统各因素的影响度与被影响度。综合影响矩阵中某行元素之和为该行对应因素对所有其他因素的综合影响值，称为影响度。综合影响矩阵中某列元素之和为该列对应因素受其他各因素的综合影响值，称为被影响度。某个因素的影响度与被影响度之和称为该因素的中心度，表示了该因素在系统问题核心中的位置。元素影响度与被影响度之差是原因度。系统中中心度最大的因素，是表示该因素对系统所起的作用最大；系统中原因度最大的因素是对系统中其他因素影响最大的因素，称为关键影响因素，具体见表 5-3。

表 5-3   DEMATEL 法相关概念定义

计算目标	定义
影响度	某行元素对所有其他因素的综合影响值
被影响度	某列元素受其他各因素的综合影响值
中心度	元素影响度与被影响度之和
原因度	元素影响度与被影响度之差

进行总影响关系矩阵的行与列运算，求出系统各因素的中心度和原因度。将所得的综合影响矩阵行和（因素影响度，H）、列和（因素被影响度，L）、行列和（因素中心度，H+L）及行列差（因素原因度，H–L）等数值进行由大到小排序。最后分别以系统因素的横轴（中心度，H+L）及纵轴（原因度，H–L）的值为坐标，绘制各因素间的因果关系图。

第六节   熵   值   法

客观赋权法研究较晚，还很不完善，它主要根据原始数据之间的关系来确定权重，不依赖于人的主观判断，不增加决策分析者的负担，决策或评价结果具有较强的数学理论依据。但这种赋权方法依赖于实际的问题域，因而通用性和决策人的可参与性较差，计算方法大都比较烦琐，而且不能体现决策者对不同属性的重视程度，有时确定的权重会与属性的实际重要程度相悖。常用的客观赋权法主要有主成分分析法、熵技术法、离差及均方差法、多目标规划法等。其中，熵技术法用得较多，这种赋权法使用的数据是决策矩阵确定的属性权重，反映了属性值的离散程度。

熵值法是一种客观赋权法，其根据各项指标观测值所提供的信息的大小来确定指标权重。设有 m 个待评方案，n 项评价指标，形成原始指标数据矩阵 $X = (x_{ij})_{m \times n}$，对于某项指标 x_j，指标值 X_{ij} 的差距越大，则该指标在综合评价中所起的作用越大；如果某项指标的指标值全部相等，则该指标在综合评价中不起作用。

在信息论中，熵是对不确定性的一种度量。信息量越大，不确定性就越小，熵也就越小；信息量越小，不确定性就越大，熵也越大。根据熵的特性，我们可以通过计算熵值来判断一个方案的随机性及无序程度，也可以用熵值来判断某个指标的离散程度，指标的离散程度越大，该指标对综合评价的影响越大。因此，可根据各项指标的变异程度，利用信息熵这个工具，计算出各个指标的权重，为多指标综合评价提供依据。

用熵值法进行综合评价包括以下六个步骤。

1）数据的非负数化处理

熵值法计算采用的是各个方案某一指标占同一指标值总和的比值，因此不存在量纲的影响，不需要进行标准化处理，若数据中有负数，就需要对数据进行非负化处理。此外，为了避免求熵值时对数的无意义，需要进行数据平移：

原始指标数据矩阵为 $A = \begin{pmatrix} X_{11} & X_{12} & \cdots & X_{1m} \\ X_{21} & X_{22} & \cdots & X_{2m} \\ \vdots & \vdots & & \vdots \\ X_{n1} & X_{n2} & \cdots & X_{nm} \end{pmatrix}_{n \times m}$

其中，X_{ij} 为第 i 个方案第 j 个指标的数值。

对于越大越好的指标：

$$X'_{ij} = \frac{X_{ij} - \min(X_{1j}, X_{2j}, \cdots, X_{nj})}{\max(X_{1j}, X_{2j}, \cdots, X_{nj}) - \min(X_{1j}, X_{2j}, \cdots, X_{nj})} + 1 \quad (i = 1, 2, \cdots, n; \ j = 1, 2, \cdots, m)$$

（5-11）

对于越小越好的指标：

$$X'_{ij} = \frac{\max(X_{1j}, X_{2j}, \cdots, X_{nj}) - X_{ij}}{\max(X_{1j}, X_{2j}, \cdots, X_{nj}) - \min(X_{1j}, X_{2j}, \cdots, X_{nj})} + 1 \quad (i = 1, 2, \cdots, n; \ j = 1, 2, \cdots, m)$$

（5-12）

为了方便起见，仍记非负化处理后的数据为 X_{ij}。

2）计算第 j 项指标下第 i 个方案占该指标的比重

$$P_{ij} = \frac{X_{ij}}{\sum_{i=1}^{n} X_{ij}} \quad (j = 1, 2, \cdots, m)$$

（5-13）

3）计算第 j 项指标的熵值

$$e_j = -k \sum_{i=1}^{n} P_{ij} \log(P_{ij}) \tag{5-14}$$

其中，$k>0$；ln 为自然对数；$e_j \geq 0$。式中常数 k 与样本数 m 有关，一般令 $k = \dfrac{1}{\ln m}$，则 $0 \leq e_j \leq 1$。

4）计算第 j 项指标的差异系数

对于第 j 项指标，指标值 X_{ij} 的差异越大，对方案评价的作用越大，熵值就越小。定义差异性系数：

$$g_j = 1 - e_j \tag{5-15}$$

则 g_j 越大，指标越重要。

5）求权数

第 j 个评价指标对应的熵权 W_j 为

$$W_j = \frac{g_j}{\sum_{j=1}^{m} g_j} \quad (j = 1, 2, \cdots, m) \tag{5-16}$$

6）计算各方案的综合得分

$$S_j = \sum_{j=1}^{m} W_j P_{ij} \quad (i = 1, 2, \cdots, n) \tag{5-17}$$

其中，S_j 为第 j 个方案的综合评价值。

第七节　AHP 法

主观赋权法是人们研究较早、较为成熟的方法，它根据决策者（专家）主观上对各属性的重视程度来确定属性权重，其原始数据由专家根据经验主观判断而得到。决策或评价结果具有较强的主观随意性，客观性较差，同时增加了决策分析者的负担，应用中有很大局限性。常用的主观赋权法有 AHP 法、最小平方法、TACTIC 法、专家打分法、二项系数法、环比评分法等。其中，AHP 法是实际应用中使用得最多的方法，它能将复杂问题层次化，将定性问题定量化。

AHP 法的基本思想是先按问题要求建立起一个描述系统功能或特征的内部独立的递阶层次结构，通过两两比较因素（或目标、准则、方案）的相对重要性，给出相应的比例标度。构造上层某元素对下层相关元素的判断矩阵，以给出相关元素对上层某要素的相对重要序列，AHP 法的核心是排序问题，包括递阶层次结构原理、标度原理和排序原理。

AHP 法一般可分为四个步骤：首先，建立描述系统功能或特征的内部独立的递阶层次结构；其次，两两比较结构要素，构造出所有的判断矩阵；再次，解判断矩阵，得出特征根和特征向量，并检验每个矩阵的一致性，若不满足一致性条件，则要修改判断矩阵，直至满足为止；最后，计算各层元素的组合权重，并检验结构的一致性。

1. 建立递阶层次结构

构建递阶层次结构是 AHP 法的关键步骤，通常模型结构分为三层。

（1）目标层。可再分为总目标层、战略目标层、战术目标层及子战术目标层等。

（2）准则层。第二层次为评价准则或衡量标准，也可以分为子准则层、子因素层等。

（3）方案层。这一层同样可以分为子对策层或子措施层，对不同的问题可有不同的描述。

构造一个好的层次结构对于问题的解决极为重要，它决定了分析结果的有效程度。

2. 构造成对比较矩阵

AHP 法接下来需要构造成对比较矩阵，即对同一层次的各元素关于上一层次中某准则的重要性进行两两比较。比较分析的依据是研究主题包含的各方面提供的相关信息，AHP 法的信息表现为：研究者或其他相关人员，对每一层中各个因素相对重要性提供的判断。AHP 法会用数学的语言来表达这些判断信息，即用数值写出来，形成判断矩阵，这是该方法工作的起点。形成判断矩阵是 AHP 法中关键的一步。通过判断矩阵，可以判断各层次中各因素间的相对重要性。

AHP 法采用 Saaty1-9 标度方法（表 5-4），对不同情况的评比给出数量标度。

表 5-4　标度与含义对比表

标度	含义
1	表示两个因素相比，同等重要
3	表示两个因素相比，前者稍微重要
5	表示两个因素相比，前者较强重要
7	表示两个因素相比，前者强烈重要
9	表示两个因素相比，前者极端重要
2，4，6，8	两相邻判断的中间值
倒数	若因素 y_i 与因素 y_j 的重要性指标为 α_{ij}，那么因素 y_j 与因素 y_i 重要性之比为 $a_{ji} = 1/\alpha_{ij}$

3. 层次单排序

AHP 法接下来为层次单排序，它根据判断矩阵的计算进行。要得到的是因素间重要性次序的权值，这里的重要性是指本层次所有因素中与上一层某因素之间存在的重要关联。这是本层次所有因素相对上一层次而言，进行重要性排序的基础。

这里的"层次单排序"，用数学语言表达为判断矩阵 B，即为计算判断矩阵的特征根和特征向量问题。满足特征根与特征向量的关系式为

$$BW = \lambda_{\max} W \tag{5-18}$$

其中，$\lambda_{\max}$ 为 B 的最大特征根；W 为对应于 $\lambda_{\max}$ 的正规化特征向量。

4. 一致性检验

由判断矩阵计算被比较元素对于该准则的相对权重，利用一致性指标进行一致性检验。

为了检验矩阵的一致性，需要计算它的一致性指标 C.I.，定义

$$C.I. = (\lambda_{\max} - n)/(n-1) \tag{5-19}$$

其中，n 为方案的个数。显然，当判断矩阵具有完全一致性时，C.I. $= 0$。$\lambda_{\max} - n$ 越大，C.I. 越大，判断矩阵的一致性越差。若要检验判断矩阵是否具有令人满意的一致性，就需要将 C.I. 与平均随机一致性指标 R.I.（表 5-5）进行比较。通常情况下，1 阶和 2 阶的判断矩阵，总是具有完全一致性。2 阶以上的判断矩阵，它的一致性指标 C.I. 与同阶平均随机一致性指标 R.I. 之比，为判断矩阵的随机一致性比例，记为 C.R.。通常情况下，当 C.R. < 0.1 时，可以认为判断矩阵的一致性令人满意；否则，当 C.R. $\geqslant 0.1$ 时，需要对判断矩阵进行调整，直到满意为止。

表 5-5　平均随机一致性指标数值表

n	1	2	3	4	5	6	7	8	9	10	11	12	13	14	15
R.I.	0	0	0.58	0.90	1.12	1.24	1.32	1.41	1.45	1.49	1.52	1.54	1.56	1.58	1.59

5. 层次总排序

AHP 法进行检验工作之后，需要进行层次总排序。它是利用同一层中所有层次单排序的结果，计算出针对上一层而言，本层所有因素重要性的权值，之后进行排序，总排序需要从上到下逐层进行。层次结构中，最高层下面的第二层的层次单排序为总排序。

6. 计算组合权向量并做组合一致性检验

计算各层元素对系统目标的合成权重，并进行排序。组合一致性检验用到的指标为一致性指标，目的是评价层次总排序结果的一致性，这需要计算与层次单

排序类似的检验量，即参数 C.I. 为层次总排序一致性指标；参数 R.I. 为层次总排序随机一致性指标；参数 C.R. 为层次总排序随机一致性比例。其公式分别为

$$C.I. = \sum_{i=1}^{n} \alpha_i C.I.$$
（5-20）

其中，C.I. 为与 α_i 对应的 B 层次中判断矩阵一致性指标。

$$R.I. = \sum_{i=1}^{n} \alpha_i R.I.$$
（5-21）

其中，R.I. 为与 α_i 对应的 B 层次中判断矩阵随机一致性指标。

$$C.R. = \frac{C.I.}{R.I.}$$
（5-22）

同样，当 C.R. < 0.1 时，认为层次总排序的计算结果具有一致性；否则，需要对本层次的各整体矩阵进行调整，使层次总排序具有一致性。

7. 要素评价指标的确定及计算综合评价结果

对方案层各要素建立相应的评价指标，这些具体指标的评价可以通过设计专家评分表或者企业专业人员评分表来获得。并将指标的综合得分与权重相乘得到 AHP 法的综合评价结果 Z。其公式是

$$Z = \sum_{i=1}^{9} w_i r_i$$
（5-23）

第八节　TOPSIS 法

TOPSIS 法是一种逼近理想解的排序方法，是由 C. L. Hwang 和 K. Yoon 首先提出来的。其基本的处理思路是首先建立初始化决策矩阵，其次基于规范化后的初始矩阵，找出有限方案中的最优方案和最劣方案也就是正、负理想解，再次分别计算各个评价对象与最优方案和最劣方案的距离，获得各评价方案与最优方案的相对接近程度，最后进行排序，并以此作为评价方案优劣的依据。

该方法在获得原始数据后，先进行无量纲化处理，得到规范化决策矩阵和其权重矩阵，相乘得到加权后的规范化决策矩阵。再计算各评价指标的"理想解"和"非理想解"。

$$\overline{A} = \left\{ \max\left(P_{ij}\right) \middle| i = 1, 2, \cdots, n; j = 1, 2, \cdots, m \right\}$$
（5-24）

$$\underline{A} = \left\{ \min\left(P_{ij}\right) \middle| i = 1, 2, \cdots, n; j = 1, 2, \cdots, m \right\}$$
（5-25）

再计算各个指标到两个数值之间的欧氏距离。

$$\overline{D_i} = \sqrt{\sum_{j=1}^{m}\left[\omega_j\left(P_{ij} - \overline{A}\right)\right]^2} \qquad （5-26）$$

$$\underline{D_i} = \sqrt{\sum_{j=1}^{m}\left[\omega_j\left(P_{ij} - \underline{A}\right)\right]^2} \qquad （5-27）$$

计算各指标数值与两个值之间的贴近程度，值越大表明评价结果越好。

$$w_i = \frac{\overline{D_i}}{\overline{D_i} + \underline{D_i}} \qquad （5-28）$$

第九节　"反事实"法

Hsiao 等（2012）提出了基于面板数据的政策效应评估新方法——Hsiao 方法，就是利用面板系统各截面之间共同因子的驱动作用而产生的联系构建控制组结果变量的"反事实"方法。

（一）"反事实"模型介绍

"反事实"就是我们所假设的"如果"，用"如果"与现实做对比，来进行因果推断的一种方法。这种方法的理论思想最早应用于心理学和历史学，随着经济学的发展，逐步被引入了经济学、统计学中，从而促进了"反事实"方法论的应用。

利用"反事实"衡量政策实施效应，就是在总体中的多个样本具有两期及两期以上的经济社会观测数据时，将总体中受到政策干预的样本定义为实验组，未受政策干预的样本定义为控制组，对比两组样本在政策实施前后的经济社会数据，其差额就可用于评价政策实施效应。利用数学公式将政策实施效应量化，可用指示变量 I 来区分样本是否受到政策干预：

$$I_j = \begin{cases} I_j = 0, & \text{样本} j \text{未受政策干预} \\ I_j = 1, & \text{样本} j \text{受政策干预} \end{cases} \qquad （5-29）$$

其中，$j = 1, 2, \cdots, n$ 为样本编号，I_j 的选择由样本特征决定，且每个样本选择相互独立。根据政策效应评估的定义，可将样本特征表示为 Y_j，当样本 j 受到政策干预时的样本特征为 $Y_j(1)$，未受政策干预的样本体征为 $Y_j(0)$，则样本的政策效应可表示为

$$\Delta_j = Y_j(1) - Y_j(0) \qquad (5\text{-}30)$$

从式（5-30）可以很清晰地理解政策评估效应的计量，但该式要求政策实施以随机实验的方法实施，而在现实生活中不存在这样的实验数据，这就意味着研究者不可能得到同一个样本在同一时间受到政策干预的经济社会数据和未受政策干预的经济社会数据。因此，如何构建"反事实"度量政策效应，就成为政策效应评估中的关键环节。

在政策效应评估的过程中样本存在"自我选择"效应，这一效应是指在区域性的政策实施中，个体会根据自己的情况评估政策实施的未来收益，并选择是否接受政策影响。也就是说，受到政策干预的个体与未受政策干预的个体在个体特征上存在差异，这些差异也会成为影响政策效应评估结果的混杂因素（confounding factor）。这些混杂因素中包含部分不可观测因素对政策实施进行干扰，因此在政策效应评估时不能排除样本具有不可观测的偏差（selection on unobservables）。而在选择样本和抽样方法时，人为操作往往使得实验组和控制组的可观测变量分布不同，造成可观测偏差（selection on observables）。Heckman 等（1997）在文章中指出变量可观测偏差要比不可观测偏差对个体的处置效应影响更大。这些偏差的存在，使得简单回归在政策效应评估中无法使用，单个样本的政策效应也无法估计。因此研究者们提出样本的平均处置效应（average treatment effect，ATE）和实验组的平均处置效应（average treatment effect on the treated，ATT）。由式（5-31）和式（5-32）可知，ATE 表示单个样本 X 的平均回报，而 ATT 表示通过"自我选择"接受政策干预的样本相比于其未接受干预时能获得的平均回报。

$$\tau_{\mathrm{ATE}} = E(\Delta) = E\big[Y(1) - Y(0)\big] \qquad (5\text{-}31)$$

$$\tau_{\mathrm{ATT}} = E(\Delta|I=1) = E\big[Y(1)|I=1\big] - E\big[Y(0)|I=1\big] \qquad (5\text{-}32)$$

但在研究者只关注政策对总体的平均影响，也就是政策对所有个体的影响相同，或者当受干预的个体是随机选取时，ATT 与 ATE 可视为等价。事实上，ATE 是从总体中随机选择研究对象，包含了未受政策干预的样本。而 ATT 直接从实际接受政策干预的个体入手，研究政策实施的平均处置效应，既符合研究者的需求，又贴合决策者意图，有利于评估目标群体从政策中获得的平均回报，从而帮助判断政策是否达到预期目标（Heckman et al.，1997），本书所讨论的政策效应评估方法围绕 ATT 展开。

（二）Hsiao 方法介绍

经济社会中存在的公共因子对研究个体的影响程度不尽相同，但能够使得截面之间产生一定的相关性。简单来讲，科技发展水平、人口规模和国家宏观政策等因素具有普遍性和广泛性，这种因素在全国甚至世界范围内都具有共性，这就是 Hsiao 方法所指的公共因子。当假设 y_{it}^0 是样本 i 在 t 时刻未受政策干预的结果变量，并为其定义一个因子生成模型：

$$y_{it}^0 = \vec{b}_i' \vec{f}_t + \alpha_i + \varepsilon_{it} \quad (i = 1, 2, \cdots, N; t = 1, 2, \cdots, T) \tag{5-33}$$

其中，$\vec{f}_t$ 为随时间变化的公共因子向量；$\vec{b}_i'$ 为随截面变化的公共因子系数向量；α_i 为样本的固定效应；随机干扰项 ε_{it} 满足 $E(\varepsilon_{it}) = 0$。由此可将样本的结果表现划分为两部分，一部分是由公共因子驱动的 $\vec{b}_i' \vec{f}_t$；另一部分是由样本自身特征决定的，包括样本的固定效应 α_i 和随机干扰 ε_{it}，当假设不同样本的随机干扰项相互独立时，满足 $E(\varepsilon_i \varepsilon_j) = 0$，$i \neq j$。从式（5-33）可知，截面间唯一的相关关系来自公共因子 $\vec{f}_t$，而公共因子对样本的影响相异，可知公共因子的系数向量互不相同，即 $\vec{b}_i \neq \vec{b}_j$，$i \neq j$。

将上式改写为矩阵式：

$$y_{it}^0 = B\vec{f}_t + \vec{\alpha} + \vec{\varepsilon}_t \tag{5-34}$$

其中，$\vec{y}_t^0 = (y_{1t}^0, y_{2t}^0, \cdots, y_{Nt}^0)'$；$\vec{\alpha} = (\alpha_1, \alpha_2, \cdots, \alpha_N)'$；$\vec{\varepsilon}_t = (\varepsilon_{1t}, \varepsilon_{2t}, \cdots, \varepsilon_{Nt})'$；$B_{N \times K} = (\vec{b}_1, \vec{b}_2, \cdots, \vec{b}_N)'$。它们满足如下假设。

假设 1：$|\vec{b}_i|$ 为有界常量，$i = 1, 2, \cdots, N$。

假设 2：$\vec{\varepsilon}_t$ 是满足 $E(\vec{\varepsilon}_t) = 0$ 的平稳序列，$\mathrm{Var}(\vec{\varepsilon}_t)$ 为对角常数矩阵。

假设 3：$E\vec{\varepsilon}_t(\vec{f}_t) = \vec{0}$。

假设 4：$B_{N \times K}$ 是秩为 K 的要素载荷矩阵。

假设 5：样本 i 是否受到政策干预与样本 j 的特征组成部分相互独立，$i \neq j$。

Sargent 和 Sims（1977），Giannone 等（2005），Stock 和 Watson（1989；2002；2005）在其实证分析中对假设 4 给予了如下解释：可观测的截面单元 N 大于随时间变化的公共因子 $\vec{f}_t$ 的个数，即只用少数一些公共因子就可以解释宏观数据的变动。

同样假设 y_{it}^1 是样本 i 在 t 时刻受到政策干预的结果变量，则样本 i 在 t 时刻受到的政策效应就可表示为 $\Delta_{it} = y_{it}^1 - y_{it}^0$。但对于同一样本同一时刻不可能存在这两种结果变量，对于能够收集到的结果变量可以表示为

$$y_{it} = I_{it} y_{it}^1 + (1 - I_{it}) y_{it}^0 \tag{5-35}$$

其中，I_{it} 和式（5-33）中相同，都为指示变量，取值为 1 时表示样本受到政策干预，取值为 0 时表示样本未受政策干预。定义时刻 T_s 为政策干预开始时刻，则式（5-35）可表示为

$$y_{it} = \begin{cases} y_{it}^0 & (i=1,2,\cdots,N; t=1,2,\cdots,T_s) \\ y_{it}^1 & (i=1,2,\cdots,N; t=T_s+1,T_s+2,\cdots,T) \end{cases} \tag{5-36}$$

从式（5-36）可以清晰地看出，若要确定政策效应，仅需要确定 $y_{it}^0\left[t \in (T_s,T)\right]$ 即可。

在对样本 $i=1$ 进行政策效应评价时，若上述全部假设都能满足，则可以根据式（5-33）对"反事实"值 $y_{1t}^0\left[t \in (T_s,T)\right]$ 进行估计：

$$\hat{y}_{1t}^0 = \vec{b}_1' \vec{f}_t + \alpha_1 \quad (t=T_s+1,T_s+2,\cdots,T) \tag{5-37}$$

但现实中对于宏观政策的评价往往是用来分析政策的效率和可复制性，并且不可能等到政策实施很多年以后再进行，因此现实中能够得到的宏观政策实施后的观测值往往比较短小，也就是 N 和 T 都不足够大，这就会导致式（5-37）中的 $\vec{f}_t$ 无法识别。对于这个问题 Hsiao 等（2012）在文章中建议使用 $\tilde{y}_t = (y_{2t}, y_{3t}, \cdots, y_{Nt})$ 代替 $\vec{f}_t$ 对"反事实"值进行估计，对于这一方法的可行性，卫梦星（2013）在其文章中给出了合理性证明。

Hsiao 方法的核心就是提出了可以使用未受政策干预的样本 $\tilde{y}_t$ 对"反事实"值进行估计。简单来说就是利用未受政策干预的样本 $\tilde{y}_t$ 在宏观政策未实施前，进行建模拟合，当拟合效果较好时，就有理由相信可以继续使用此模型对该样本受到政策干预时刻的"反事实"值进行估计。

在利用观察值进行政策效应评估时，可以获得大量的截面单位对"反事实"值进行估计。当公共因子的数量 K 确定时，若满足 $T > N$，$T_1 \to \infty$ 且 $N/T_1 \to 0$，预测精度会随所使用的截面数量上升，也就是说在这种情况下，可以尽可能多地使用截面数据进行"反事实"预测；若 T_1 或 N/T_1 有限时，使用截面中的部分数据进行"反事实"预测更具优势。

Hsiao 等（2012）对此进行了详细的证明。他们首先假设只需要 p 个截面单位就可以得到 $y_{it}^0\left[t \in (T_s,T)\right]$ 的最优预测，并进行了蒙特卡罗模拟。希望通过比较预测结果的均方误差（perceptual mean square error，PMSE），验证赤池信息量准则（Akaike information criterion，AIC）和修正的 AIC 的效力。

$$\text{PMSE}(p) = \frac{1}{T-T_s} \sum_{t=T_s+1}^{T} \left[y_{1t}^0 - \hat{y}_{1t}^0(p) \right]^2 \tag{5-38}$$

$$\text{AIC}(p) = T_s \ln\left(\frac{\vec{e}'\vec{e}_0}{T_s}\right) + 2(p+2) \qquad (5\text{-}39)$$

$$\text{AICC}(p) = \text{AIC}(p) + \frac{2(p+2)(p+3)}{T_1 - (p-1) - 2} \qquad (5\text{-}40)$$

式（5-38）中 $\hat{y}_{1t}^0(p)$ 的取值根据 $\hat{y}_{1t}^0(p) = \vec{a}_p^* Y_t$ 和 $Y_t = FB_t + \varepsilon$（$t = T_s+1, T_s+2, \cdots, T$）式得到，$\vec{a}_p^*$ 为使用 p 个截面单位对 y_{it}（$t = 1, 2, \cdots, T_s$）计算的最小二乘估计量。Hsiao 等（2012）通过改变因子结构的蒙特卡罗模拟，更科学地验证了 AIC 和修正的 AIC 的效力。实验表明，政策干预前的均方误差随截面单位 p 的个数增加而增大，政策干预后的 MSE 随截面单位 p 的个数增加先减小后增大，最终根据误差与方差之间的变化关系得出：最优截面个数 p 介于 K 与 $N-1$ 之间。

Hsiao 等（2012）还利用蒙特卡罗模拟结果证明了使用 $\tilde{y}_t$ 替代 $\vec{f}_t$ 将避免一系列干扰因素，如信号噪声比、因子载荷 B 的分布、因子个数 K 未知、异质性构成 ε_{it} 和 ε_{it} 的异方差性等。

Hsiao 等（2012）给出了 Hsiao 方法的模型选择策略。首先在 N 个截面单位中随机选取 j 个截面单位对 $y_{it}^0[t \in (1, T_s)]$ 进行预测，对比预测精度的拟合优度和似然值，将拟合效果记为 $M(j)^*$，$j = 1, 2, \cdots, N-1$。再从中选取拟合效果最优的 $M(m)^*$ 为最佳拟合效果方程，从而确定控制组，并利用该拟合方程估计 $y_{it}^0[t \in (T_s, T)]$，实现政策效应评估。

第十节　指标评估方法述评

本节将前述方法进行归纳总结，对比各方法的优点和不足，方便读者直观查看，并选择合适的方法进行研究，具体如表 5-6 所示。

表 5-6　指标体系评价方法比较

指标评估方法	优点	不足
HDI 测量法	测算的综合发展指数横纵向可比	需要具体数据进行无量纲化
分绩效贡献率评估法	分析指标体系的整体结构及各部分在整体中的重要性	需要具体数据进行分绩效量化
BP 神经网络评价法	更好地适应系统的复杂性，提高关键因素识别的准确性	适用的指标体系指标不宜太多，且需要历史数据

续表

指标评估方法	优点	不足
博弈论	不需确定指标权重 模型建立计算受指标影响较小	不同参与人效用值不同,需要分析不同情况或实地调研进行打分
DEMATEL 法	减少了系统要素的构成,简化了系统要素之间的关系	对于复杂的系统难以分析
熵值法	熵值法是根据各项指标值的变异程度来确定指标权数的,这是一种客观赋权法,避免了人为因素带来的偏差	忽略了指标本身重要程度,有时确定的指标权数会与预期的结果相差甚远,同时熵值法不能减少评价指标的维数
AHP 法	系统性的分析方法 计算简单,结果明确 不需过多定量数据	①定量数据较少,定性成分多,不易令人信服 ②指标过多时数据统计量大,且权重难以确定
TOPSIS 法	TOPSIS 法可以充分利用原数据,信息损失较少,运用广泛	原始数据依赖性强,人为影响较重,可能导致无法保证结果的准确性
"反事实"法	设定假设,推测某事发生的可能性大小,合理性、相近性、理论性相结合	假定存在过某事,根据其做推断,计算结果缺乏可信度

第六章 中国自贸区统计指标
体系的构建

在自贸区的统计指标及指标体系创新上，我们要秉承前人的研究方法与构建原则，根据自贸区自身的发展特色与实际情况积极推陈出新，对原有的统计指标及指标体系进行完善和创新拓展。

本书综合了我国截至 2018 年建设的各个自贸区所公布的统计指标、中国统计学会公布的综合发展评价指标体系、我国主要自贸区第三方评价指标体系及世界银行公布的全球营商环境评价体系，在此基础上进行改进和创新，同时，将国际比较指标体系与自贸区统计指标体系相融合。

一方面，将体现外汇管制、利率自由、资金运营、跨境业务、金融创新及文化产业等软实力方面的统计指标列入中国自贸区基础统计指标体系当中；另一方面，针对中国 12 个自贸区的不同发展战略，设立了中国自贸区专项统计指标体系。

统计指标体系的创新发展，需要国家政策的扶持，相反地，统计指标体系的发展成果又能促进政策的改革和创新。同时，行业准入是直接影响对外开放水平的重要因素。针对振兴中国自贸区产业发展，产业集聚、带动效应能够有效地描述新兴产业对传统产业的辐射拉动作用，同时考察自贸区发展目标——扩大投资领域的开放、推进贸易发展方式转变、深化金融领域的开放创新、加快政府职能转变、完善法制领域的制度保障、培育国际化和法治化的营商环境、区域辐射带动功能突出。因此，本书将政策环境、行业准入、产业升级、营商环境、区域辐射带动效率写进中国自贸区专项统计指标体系中用以反映国家政策、对外开放、产业聚集升级、贸易便利化程度、制度创新对自贸区的影响。

不同战略定位的自贸区的建设任务及目标不同，对应的政策环境、基础设施建设等也会有一定的差异。本书针对战略定位有的放矢，构建反映中国自贸区发展状况的基础统计指标体系和专项统计指标体系。

第一节　中国自贸区基础统计指标体系

一、中国自贸区基础统计指标介绍

本书对我国现有各个自贸区所公布的统计指标进行了提炼与综合，在此基础上，结合中国统计学会公布的综合发展评价指标体系及世界银行公布的全球营商环境评价体系，在构建统计指标体系时，将着力体现出经济活力指标、人才流入指标及经济增长指标等，中国自贸区创新型统计指标体系是从经济发展（包含民生改善）、社会发展、生态建设、科技创新和公众评价五个维度测量的综合性统计指数，以此评估中国自贸区的基本发展水平。初步精炼出 5 大类基础统计指标，18 种二级指标，如表 6-1 所示。

表 6-1　中国自贸区基础统计指标

指标集类型	二级指标名称	三级指标名称	备注
经济发展类指标	经济增长	人均地区生产总值	
		地区生产总值指数	
		新设企业数量及注册资本总额	分为本期值、累计值，下设内资、外资企业数和注册资本总额
		商品销售总额	下设批发业、零售业、住宿业、餐饮业
		社会消费品零售总额	
	对外经济贸易	进出口总额	下设进口总额、出口总额
		利用外资总额	下设外商投资企业进出口总额、外资独资企业进出口总额、中外合资企业进出口总额、中外合作企业进出口总额
		中方境外投资总额	下设中方协议投资额、中方实际投资额、境外投资项目数
	财政及税收	税收总额	下设国税、地税税收总额
		一般公共预算	下设支出、收入预算
		期末余额	下设存款、贷款期末余额
	结构优化	服务业增加值占地区生产总值比重	
		固定资产投资额	
		居民消费占地区生产总值比重	
		高技术产品产值占工业总产值比重	
	行业发展	入驻金融企业数	可分本期数及累计数进行统计，下设银行业金融机构（银行）、证券业金融机构、保险业金融机构

续表

指标集类型	二级指标名称	三级指标名称	备注
经济发展类指标	行业发展	金融相关服务企业数	下设融资租赁公司、股权投资企业、商业保理公司
		设立自由贸易账户数	可分本期数及累计数进行统计
		跨境人民币结算总额	可分本期数及累计数进行统计
		规模以上工业总产值	下设主要工业产品产量
	发展质量	财政收入占地区生产总值比重	
		全员劳动生产率	
社会发展类指标	收入分配	城乡居民收入占地区生产总值比重	
		基尼系数	
	公共服务支出	人均基本公共服务支出	
		基本公共服务支出占财政总支出比例	
	区域协调	地区经济发展差异系数	
	文化教育	文化产业增加值占地区生产总值比重	
		平均受教育年限	
	卫生健康	医疗产业增加值占地区生产总值比重	
	社会保障	基本社会保险覆盖率	包括医疗保险和社会保险
生态建设类指标	资源消耗	单位地区生产总值能耗	
		单位地区生产总值水耗	
		单位地区生产总值建设用地	
	二氧化碳排放	单位地区生产总值二氧化碳排放量	
	环境治理	环境污染治理投资占地区生产总值比重	
		工业"三废"处理达标率	
		环境质量指数	
		城市生活垃圾无害化处理率	
		城镇生活污水处理率	
科技创新类指标	R&D投入	万人R&D人员全时当量	
		R&D经费支出占地区生产总值比重	
	R&D产出	万人专利授权数	
		高技术产业新产品销售收入	
		高技术产品出口占总出口比例	
		技术市场成交额	
公众评价类指标	公众评价	公众对综合发展成果的满意度	采用民意调查，用于衡量公众对于综合发展的主观感受和认可程度

注：每一个指标应根据具体情况统计本期发生额、累计发生额，同时应计算同比、环比增长情况

二、中国自贸区基础统计指标含义

（一）经济发展类指标

自贸区的建设与发展应始终坚持把经济结构战略性调整作为加快转变经济发展方式的主攻方向，力争深化经济发展与经济结构战略性调整同步，完整全面地反映出自贸区设立对经济社会发展的带动作用。因此，经济发展模块设置了经济增长指标、对外经济贸易指标、财政及税收指标、结构优化指标、行业发展指标、发展质量指标 6 项二级指标及 22 项三级指标。

1. 经济增长指标

经济增长指标是侧重反映经济发展水平的指标，包括人均地区生产总值、地区生产总值指数、新设企业数量及注册资本总额、商品销售总额和社会消费品零售总额共 5 项三级指标。

1）人均地区生产总值

GDP 是指一个国家（或地区）所有常住单位在一定时期内生产活动的最终成果。对于地区，GDP 中文名称为"地区生产总值"。人均地区生产总值是指一定时期内按常住人口平均计算的地区生产总值。没有选用总量，而是选用人均，既体现发展现在，又体现以人为本，关注经济发展的实际效用。

$$人均地区生产总值=\frac{地区生产总值}{年常住人口} \qquad (6-1)$$

2）地区生产总值指数

地区生产总值是一个价值量指标，其价值的变化受价格变化和物量变化两大因素影响。不变价地区生产总值是把按当期价格计算的地区生产总值换算成按某个固定期（基期）价格计算的价值，从而使两个不同时期的价值进行比较，能够剔除价格变化的影响，以反映物量变化，反映生产活动成果的实际变动。本指标充分考虑了区域经济的动态变化，以衡量经济发展绩效。

地区生产总值指数是根据两个时期不变价地区生产总值计算得到，在现有的统计体系中通常选择上年或者 1978 年为基期。本指标体系中该指标选择上年为基期，即上年=100，该指标由式（6-2）计算得到。

$$地区生产总值指数=\frac{按上年价格计算的本年度地区生产总值}{上年度地区生产总值}\times100 \quad (6-2)$$

3）新设企业数量及注册资本总额

该指标包括本期数和累计数，可按新增企业所属行业再进行统计，以得到自贸区区域内各行业相对发展状况的直观描述；也可按照投资性质划分内资、外资、合资企业进行统计，便于直观判断自贸区引进投资的均衡情况。该指标是最能直接反映自贸区建设以来的经济运行现状的指标之一。

4）商品销售总额

商品销售总额是指对本企业以外的单位和个人出售（包括对国外直接出口）的商品（包括售给本单位消费用的商品）的商品金额。商品销售总额是反映自贸区第三产业中批发零售业销售额、批发额和出口额的指标。它由报告期的批发销售金额加上相关销项税组成，选取该项指标能充分反映自贸区批发产业动态发展，也能侧面反映相关商品流动情况。

本指标由对生产经营单位批发额、对批发零售贸易业批发额与出口额、对居民和社会集团商品零售额项目组成。这个指标反映批发零售贸易企业在国内市场上销售商品及出口商品的总量，包括售给城乡居民和社会集团消费用的商品；售给工业、农业、建筑业、运输邮电业、批发零售贸易业、餐饮业、服务业、公用事业等作为生产、经营使用的商品；售给批发零售贸易业作为转卖或加工后转卖的商品；对国（境）外直接出口的商品。

5）社会消费品零售总额

社会消费品零售总额是指批发和零售业、住宿和餐饮业及其他行业直接售给城乡居民和社会集团的消费品零售额。其中，对居民的消费品零售额，是指售予城乡居民用于生活消费的商品金额；对社会集团的消费品零售额，是指售给机关、社会团体、部队、学校、企事业单位、居委会或村委会等用作非生产、非经营使用与公共消费的商品金额。

在各类与消费有关的统计数据中，社会消费品零售总额是表现国内消费需求最直接的数据。社会消费品零售总额是国民经济各行业直接售给城乡居民和社会集团的消费品总额，是反映各行业通过多种商品流通渠道向居民和社会集团供应的生活消费品总量，是研究国内零售市场变动情况、反映经济景气程度的重要指标。

2. 对外经济贸易指标

对外经济贸易指标是反映自贸区开展对外贸易，实现"引进来"和"走出去"这一对外开放方针的最为重要的指标之一，也是衡量自贸区作为"一带一路"的重要支撑点，其设立目标完成情况的重要指标，包括进出口总额、利用外资总额、中方境外投资总额等。

1）进出口总额

进出口总额指实际进出我国国境的货物总金额。进出口总额用以观察一个国家在对外贸易方面的总规模。选用该指标可以粗略探查中国自贸区对外贸易总规模，且该指标数据较易得到。我国规定出口货物按离岸价格统计，进口货物按到岸价格统计。进口总额和出口总额：如果进出口总额指标能够纵观对外贸易发展水平，那么进口总额和出口总额两个统计指标则可以得到对外贸易发展的侧重点。查漏补缺，才能全面地稳步扩大对外开放水平。

2）利用外资总额

外资是加快我国经济发展的催化剂，合理引进外资是我国经济工作的一个重点。自从加入 WTO 后，中国走"引进来"的路子，与其他国家的经济合作是自贸区招商引资，善引外资投入建设的初级目标，"走出去"是推进外资引入的终极目标。外商直接投资额是外国企业和经济组织或个人按我国有关政策、法规，用现汇、实物、技术等在我国境内开办外商独资企业，与我国境内的企业或经济组织共同举办中外合资经营企业、合作经营企业或合作开发资源的投资（包括外商投资收益的再投资），以及在经政府有关部门批准的项目投资总额内，企业从境外借入的资金。具体包括四级指标：外商投资企业进出口总额、外资独资企业进出口总额、中外合资企业进出口总额、中外合作企业进出口总额。

利用外资指我国各级政府、部门、企业和其他经济组织通过对外借款、吸收外商直接投资，以及用其他方式筹措的境外现汇、设备、技术等。合同利用外资指我国与外商签订合同后，合同规定的外方投资总额。实际利用外资是指我国在和外商签订合同后，实际收到的外资款项。只有实际利用外资才能真正体现我国的外资利用水平。我国自贸区不是税收洼地，而是政策高地，因此财政及税收情况能够从侧面体现出自贸区建设成果。

3）中方境外投资总额

境外投资指投资主体通过投入货币、有价证券、实物、知识产权或技术、股权、债权等资产和权益或提供担保，获得境外所有权、经营管理权及其他相关权益的活动。中国的境外投资始于改革开放之初，但当时国际收支平衡压力大，外汇资金短缺，投资主体单一（主要是国有企业），国际市场经验不足，因此境外投资主要是设立贸易公司或者窗口公司，投资规模较小。20 多年来，中国境外投资由无到有，不断发展壮大，呈现出高速发展的态势。中方境外投资总额和数目是衡量一个地区"走出去"对外开放水平的重要指标。

3. 财政及税收指标

财政是"理财之政"，是保证实现国家（或政府）的职能、优化资源配置、公平分配及经济稳定和发展一个经济过程，财政包括财政收入和财政支出两个部分。收入主要来源于税收和国债，支出主要有社会消费性支出、财政投资性支出和转移支出。税收是国家最主要的财政收入形式，取自于民、用之于民。财政及税收指标既能够体现政府收入支出状况，又能够反映出一个地区的整体实力和发展水平。自贸区一直秉持着"不做税收洼地，只做政策高地"的理念，因此税收指标在某种程度上也反映着自贸区"政策高地"的发展带动作用。

1）税收总额

在发展社会主义市场经济的过程中，税收承担着组织财政收入、调控经济、调节社会分配的职能。税收总额指标又按国、地税系统分设下级指标，总量为国税、地税总额之和。

2）一般公共预算

一般公共预算是对以税收为主体的财政收入，安排用于保障和改善民生、推动经济社会发展、维护国家安全、维持国家机构正常运转等方面的收支预算。一般公共预算指标又包括一般公共预算支出和一般公共预算收入 2 个四级指标。

3）期末余额

期末余额指标主要是指期末贷款余额和期末存款余额这两个指标，期末贷款余额就是指某一地区期末全部贷款总额，期末存款总额就是指某一地区期末全部存款累计总额，是反映该地区期末时点的存量指标。

4. 结构优化指标

结构优化指标是反映产业结构优化升级的指标。

1）服务业增加值占地区生产总值比重

这是反映产业结构优化升级的指标。服务业是产业结构升级的未来方向，对于发展方式转变及国家整体竞争力提升具有重要意义，其产出比重已成为衡量产业结构层次高低的重要标准。服务业增加值占地区生产总值比重指第三产业增加值占地区生产总值的比重，即是服务业（除第一、第二产业以外的其他各业）占地区生产总值的比重，包括批发零售贸易业（包括旅馆和饭店业）、交通运输业、政府、金融、专业服务和个人服务，如教育、卫生、房地产服务，还包括虚拟的银行服务费、进口税和加工或调整数据时的统计误差。其计算公式为

$$服务业增加值占地区生产总值比重 = \frac{第三产业增加值}{地区生产总值} \times 100\% \qquad (6\text{-}3)$$

2）固定资产投资额

固定资产投资额（又称固定资产投资完成额）是以货币形式表现的，在一定时期内建造和购置固定资产的工作量及与此有关的费用的总称。它是反映固定资产投资规模、结构和发展速度的综合性指标，也是观察工程进度和考核投资效果的重要依据。

固定资产投资额指标能反映自贸区固定资产投资规模大小、结构合理性、发展速度高低，考察工作进度。

3）居民消费占地区生产总值比重

这是反映优化经济增长需求结构的指标，提高消费需求贡献率，可以促进三大需求拉动的平衡发展，增强经济发展的内生动力。居民消费支出指常住住户在一定时期内对于货物和服务的全部最终消费支出，包括如下几种类型：单位以实物报酬及实物转移的形式提供给劳动者的货物和服务；住户生产并由本住户消费了的货物和服务，其中的服务仅指住户的自有住房服务和付酬的家庭雇员提供的家庭和个人服务；金融机构提供的金融媒介服务。居民消费占地区生产总值比重指居民消费支出与地区生产总值的比值，计算公式为

$$居民消费占地区生产总值比重 = \frac{居民最终消费支出}{地区生产总值} \times 100\% \qquad (6\text{-}4)$$

4）高技术产品产值占工业总产值比重

这是反映产业结构优化升级的指标，体现工业结构调整的重要方向，是提高产业竞争力、走新型工业化道路的重要途径。高技术产品产值指高技术产业以货币表现的在一定时期内（通常为一年）生产的工业产品总量。工业总产值是以货币形式表现的，工业企业在一定时期内（通常为一年）生产的工业最终产品或提供的工业性劳务活动的总价值量，反映一定时间内工业生产的总规模和总水平。高技术产品产值占工业总产值比重指高技术产业产品产值与工业总产值的比值。

该指标能够反映自贸区产业结构，即高新技术产业占比越高，自贸区产业发展越优，秉持科技发展优先原则，选择该项指标能够优化产业发展方向，调整工业结构领域，助力自贸区不断提升高新技术产业竞争力。计算公式为

$$高技术产品产值占工业总产值比重 = \frac{高技术产品产值}{工业总产值} \times 100\% \qquad (6\text{-}5)$$

5. 行业发展指标

行业发展指标意在突出金融行业、高新技术行业和主要支柱行业的发展状况，这三大行业是自贸区发展的主流行业及支柱行业，是提高产业竞争力、推动区域经济发展水平、走新型工业化道路的重要途径。

1）入驻金融企业数

金融企业是指执行业务需要取得金融监管部门授予的金融业务许可证的企业，包括执业需取得银行业务许可证的政策性银行、邮政储蓄银行、国有商业银行、股份制商业银行、信托投资公司、金融资产管理公司、金融租赁公司和部分财务公司等；执业需取得证券业务许可证的证券公司、期货公司和基金管理公司等；执业需取得保险业务许可证的各类保险公司等。金融企业大量入驻能够整体提升地区的金融发展水平，也能反映金融行业的发展水平。

2）金融相关服务企业数

金融服务业即从事金融服务业务的行业。我国金融服务业目前包括（不含香港、澳门和台湾地区）四个分支：银行、证券、信托、保险。金融、保险业包括中央银行、商业银行、其他银行、信用合作社、信托投资业、证券经纪与交易业、其他非银行金融业和保险业等。就金融服务业而言，与其他产业部门相比，金融服务业同样具有一些显著的特征：传统金融服务业的功能是资金融通的中介，而现代金融服务业则具有越来越多的与信息生产、传递和使用相关的功能，特别是由于经济活动日益"金融化"，金融信息越来越成为经济活动的重要资源之一。在当今这样一个国内和国际竞争加剧的时代，金融服务业正处于大变革的过程之中，信息技术、放松管制和自由化的影响已经永久改变了并在不断重新塑造着金融服务业领域，而且这种趋势还将持续下去。

3）设立自由贸易账户数

所谓"自由贸易账户体系"，体现了分账管理、离岸自由、双向互通、有限渗透的核心。自由账户指居民可通过设立本外币自由贸易账户实现分账核算管理，开展一部分投融资创新业务；自由贸易账户是自贸区内金融开放体系的重要组成部分。自贸区区内的居民可通过设立本外币自由贸易账户实现分账核算管理，开展投融资创新业务；非居民可在自贸区区内银行开立本外币非居民自由贸易账户，按准入前国民待遇原则享受相关金融服务。具体而言，居民自由贸易账户与境外账户、境内区外的非居民账户、非居民自由贸易账户及其他居民自由贸易账户之间的资金可自由划转；同一非金融机构主体的居民自由贸易账户与其他银行结算账户之间因经常项下业务、偿还贷款、实业投资及其他符合规定的跨境交易需要可办理资金划转；居民自由贸易账户与境内区外的银行结算账户之间产生的资金流动视同跨境业务管理。

4）跨境人民币结算总额

人民币跨境结算是指有跨境贸易及零售结算需求的企业，在自愿的基础上以人民币作为跨境结算的货币。为客户提供办理以人民币作为计价货币的跨境付款和收款服务。跨境人民币结算总额指标是反映人民币作为计价货币进行跨境支付能力的指标，是评价我国金融行业发展的重要指标之一。

5）规模以上工业总产值

规模以上工业总产值指规模以上工业企业在一定时期内生产的以货币形式表现的工业最终产品和提供工业劳务活动的总价值量，包括生产的成品价值、对外加工费收入、在制品期末期初差额价值三部分。

6. 发展质量指标

发展质量指标是反映经济发展综合效益的指标，是政府提供公共产品和服务的基础，是基于公众服务产品的硬性指标。

1）财政收入占地区生产总值比重

财政收入指国家财政参与社会产品分配所取得的收入，是实现国家职能的财力保证。主要包括各项税收和非税收收入（专项收入、行政事业性收费、罚没收入和其他收入）。财政收入占地区生产总值比重指一定时期内财政收入占地区生产总值的比重。自贸区所属地的公共物品数量和公共服务的提供质量大部分依赖于当地政府的财政收入，该指标可衡量该自贸区所属政府财力，保障自贸区基础性发展与运行。计算公式为

$$财政收入占地区生产总值比重 = \frac{财政收入}{地区生产总值} \times 100\% \qquad （6\text{-}6）$$

2）全员劳动生产率

全员劳动生产率是考察企业经济活动的重要指标，是产业生产水平和职工技术熟练程度，以及职工劳动积极性的综合性考察指标。计算公式为

$$全员劳动生产率 = \frac{工业增加值 \times 100\%}{全部从业人员平均数} \qquad （6\text{-}7）$$

（二）社会发展类指标

自贸区不仅肩负带动地区经济发展的重任，同时也要实现推动社会发展的目标，完善保障和改善民生的制度安排，把促进就业放在经济社会发展优先位置，加大收入分配调节力度，坚定不移走全体人民共同富裕道路，使发展成果惠及全体人民。加快发展各项社会事业，完善基本公共服务体系，统筹城乡区域发展，加快推进社会主义新农村建设，促进区域良性互动、协调发展。因此，社会发展类模块设置了收入分配、公共服务支出、区域协调、文化教育、卫生健康、社会保障等6项二级指标及9项三级指标。

收入分配指标能够反映收入在居民、企业、政府三者之间的分配关系，较客观、直观地反映和监测居民之间的贫富差距，预报、预警和防止居民之间出现贫富两极分化，对于评价社会发展水平具有重要作用。

公共服务支出、文化教育、卫生健康和社会保障作为评价地区基础设施建设、社会发展保障程度的重要统计指标，能够准确反映出自贸区建设与发展的基础。

1. 收入分配指标

1）城乡居民收入占地区生产总值比重

城乡居民收入占地区生产总值比重指一个地区城镇居民可支配收入与农村居民纯收入之和占地区生产总值的比重，其中城镇居民可支配收入等于城镇居民人均可支配收入乘以城镇常住人口，农村居民纯收入等于农村居民人均纯收入乘以

农村常住人口。计算公式为

$$城乡居民收入占地区生产总值比重=\frac{\begin{array}{c}城镇居民人均可支配收入×城镇人口\\+农村居民人均纯收入×农村人口\end{array}}{地区生产总值}×100\%$$

（6-8）

其中，城镇居民可支配收入指居民家庭可以用来自由支配的收入。它是家庭总收入扣除交纳的所得税、个人交纳的社会保障费及调查户的记账补贴后的收入。城镇居民人均可支配收入指在一段时期内（一般为一年）按城镇人口平均计算的城镇居民可支配收入。计算公式：

$$城镇居民人均可支配收入=家庭总收入-交纳所得税$$
$$-个人交纳的社会保障支出-记账补贴$$

（6-9）

农村居民纯收入指农村居民当年从各个来源得到的总收入相应地扣除所发生的费用后的收入总和。农村居民人均纯收入指在一段时期内（一般为一年）按农村人口平均计算的农村居民纯收入。计算公式：

$$农村居民人均纯收入=总收入-税费支出-家庭经营费用支出$$
$$-生产性固定资产折旧-赠送农村内部亲友支出$$

（6-10）

2）基尼系数

基尼系数是反映居民收入分配差异程度的指标。它的经济含义是：在全部居民收入中，用于进行不平均分配的那部分收入占总收入的比重。因此，基尼系数最大为 1，最小等于 0。前者表示居民之间的收入分配绝对不平均，即 100% 的收入被一个人占有了；而后者则表示居民之间的收入分配绝对平均，即每个人的收入完全相同。一般情况下，基尼系数处于 0 和 1 之间。

基尼系数计算方法通常有两种：一种是直接法，另一种是几何法。

直接法计算公式：

$$G=\frac{\sum_{j=1}^{n}\sum_{i=1}^{n}\left|x_j-x_i\right|}{2n(n-1)u}$$

（6-11）

其中，G 为基尼系数；n 为被调查人数；x_i 为第 i 个被调查者的收入；u 为所有被调查者的平均收入。

几何法计算公式：

$$G=\frac{S_A}{S_{A+B}}=2S_A$$

（6-12）

其中，G 为基尼系数；S_A 为洛伦兹曲线 L 和直线 OC 围成的面积；S_{A+B} 为 $\triangle ODC$ 的面积。

2. 公共服务支出指标

1）人均基本公共服务支出

所谓基本公共服务，是指建立在一定社会共识之上，由政府根据经济社会发展阶段和总体水平来提供、旨在保障个人生存权和发展权所需要的最基础的公共服务。

基本公共服务主要分为四个方面：一是基本生存服务，包括公共就业服务、社会保障等；二是基本发展服务，包括教育、医疗卫生、文化体育等；三是基本环境服务，包括交通通信、公共设施和环境保护等；四是基本安全服务，包括公共安全、国防安全等。这里的基本公共服务支出是指以上四方面全部支出。

人均基本公共服务支出指在一段时期内按常住人口平均计算的基本公共服务支出。计算公式为

$$人均基本公共服务支出=\frac{基本公共服务支出}{常住人口}\times100\%　　（6-13）$$

2）基本公共服务支出占财政总支出比例

财政总支出指国家财政将筹集起来的资金进行分配使用，以满足经济建设和各项事业的需要。主要包括一般公共服务、外交、国防、公共安全、教育、科学技术、文化教育与传媒、社会保障和就业、医疗卫生、环境保护、城乡社区事务、农林水事务、交通运输、工业商业金融等方面。

基本公共服务支出占财政总支出比例计算公式为

$$基本公共服务支出占财政总支出比例=\frac{基本公共服务支出}{财政总支出}\times100\%（6-14）$$

3. 区域协调指标

地区经济发展差异系数指各地区经济发展水平（人均地区生产总值）的差异系数。计算公式为

$$V_{\sigma}=\frac{\sqrt{\dfrac{1}{n}\sum_{i=1}^{n}\left(\mathrm{PCY}_i-\overline{\mathrm{PCY}}\right)^2}}{\overline{\mathrm{PCY}}}　　（6-15）$$

其中，n 为辖区内地区个数；PCY_i 为地区 i 的人均地区生产总值；$\overline{\mathrm{PCY}}$ 为 n 个地区的平均人均地区生产总值。地区经济发展差异系数 V_{σ} 反映的是各地区之间经济发展差异情况，V_{σ} 值越大，各地区之间经济发展差异程度越大，反之亦然。

4. 文化教育指标

1）文化产业增加值占地区生产总值比重

我国的文化产业被界定为：为社会公众提供文化、娱乐产品和服务的活动，以及与这些活动有关联的活动的集合。文化产业的范围包括提供文化产品、文化

传播服务和文化休闲娱乐等活动，还包括与文化产品、文化传播服务、文化休闲娱乐活动有直接关联的用品、设备的生产和销售活动，以及相关文化产品的生产和销售活动。根据各类文化活动的特征和同质性，将全部文化产业活动划分为九大类别：新闻服务，出版发行和版权服务，广播、电视、电影服务，文化艺术服务，网络文化服务，文化休闲娱乐服务，其他文化服务，文化用品、设备及相关文化产品的生产，文化用品、设备及相关文化产品的销售。

文化产业增加值占地区生产总值比重的计算公式为

$$文化产业增加值占地区生产总值比重=\frac{文化产业增加值}{地区生产总值}\times100\% \quad （6-16）$$

2）平均受教育年限

平均受教育年限指一定时期全国 15 岁及以上人口人均接受学历教育（包括成人学历教育，不包括各种非学历培训）的年数。计算公式为

$$平均受教育年限=\frac{\sum P_i E_i}{P} \quad （6-17）$$

其中，P 为本地区 15 岁及以上人口；P_i 为具有 i 种文化程度的人口数；E_i 为具有 i 种文化程度的人口受教育年数系数；i 则根据我国的学制确定。

5. 卫生健康指标

医疗产业是我国国民经济的重要组成部分，是传统产业和现代产业相结合，一、二、三产业为一体的产业。其主要门类包括：化学原料药及制剂、中药材、中药饮片、中成药、抗生素、生物制品、生化药品、放射性药品、医疗器械、卫生材料、制药机械、药用包装材料及医药商业。医疗行业对于保护和增进人民健康、提高生活质量，对计划生育、救灾防疫、军需战备及促进经济发展和社会进步均具有十分重要的作用。

医疗产业增加值占地区生产总值比重的计算公式为

$$医疗产业增加值占地区生产总值比重=\frac{医疗产业增加值}{地区生产总值}\times100\% \quad （6-18）$$

6. 社会保障指标

基本社会保险覆盖率指已参加基本养老保险和基本医疗保险人口占政策规定应参加人口的比重。计算公式为

$$基本社会保险覆盖率=\frac{已参加基本养老保险的人数}{应参加基本养老保险的人数}\times50\% \\ +\frac{已参加基本医疗保险的人数}{应参加基本医疗保险的人数}\times50\% \quad （6-19）$$

基本社会保险主要包括基本养老保险、基本医疗保险、失业保险、工伤保险和生育保险等五项，其中基本养老保险、基本医疗保险最为重要，所以在计算基本社会保险覆盖率时只计算基本养老保险和基本医疗保险的覆盖率。

（三）生态建设类指标

自贸区建设严格按照深入贯彻节约资源和保护环境基本国策，节约能源，降低温室气体排放强度，促进经济社会发展与人口资源环境相协调，走可持续发展之路。为打造环境保护型、资源节约型发展区域，自贸区建设需要做到生态建设文明，加强二者相辅相成关系，将自贸区打造成可持续发展新兴地区。同时，由文献研究可知，生态建设指标大部分包含自然资源指标、节约类指标和治理类指标，因此，生态建设模块设置了资源消耗、二氧化碳排放量、环境治理 3 项二级指标及 9 项三级指标。

1. 资源消耗指标

资源消耗指标主要反映节约能源情况和资源的利用效率。该指标的设立体现建设资源节约型、环境友好型社会的要求。

1）单位地区生产总值能耗

单位地区生产总值能耗指在一定时期内（通常为一年），每生产万元地区生产总值所消耗多少吨标准煤的能源，地区生产总值按不变价计算。

该指标能直接表示自贸区经济建设对能源的依赖性高低，并能间接反映能源消耗利用率及消费构成情况，同时，此指标也能体现出自贸区环境建设采取的政策措施所取得的成果。其计算公式为

$$单位地区生产总值能耗 = \frac{能源消耗总量}{地区生产总值} \tag{6-20}$$

2）单位地区生产总值水耗

单位地区生产总值水耗指在一定时期内（通常为一年），每生产万元地区生产总值所消耗多少立方米水资源，地区生产总值按不变价计算。此指标反映了水资源与经济发展的定量关系，同时也反映了水资源的使用率高低，有利于自贸区节约相关产业消耗的不必要水资源。计算公式为

$$单位地区生产总值水耗 = \frac{用水总量}{地区生产总值} \tag{6-21}$$

3）单位地区生产总值建设用地

单位地区生产总值建设用地指在一定时期内（通常为一年），每生产万元地区生产总值所占用的建设用地面积，地区生产总值按不变价计算。此指标体现了自贸区区内组织所需的土地资源使用情况，也反映了自贸区为发展相关产业所投

入的相关建筑资源的使用效率。计算公式为

$$单位地区生产总值建设用地=\frac{建设用地面积}{地区生产总值} \quad （6-22）$$

2. 二氧化碳排放指标

二氧化碳是温室气体的主要组成部分，其排放量是"十二五"规划建议提出的一个约束性指标，以有效控制温室气体排放。各地区二氧化碳排放量是根据各地区化石燃料的燃烧、水泥的生产导致的二氧化碳排放估算量加总而得。

化石燃料燃烧产生的二氧化碳排放量：

$$二氧化碳排放量=\sum 各种化石燃料燃烧量×相应燃料二氧化碳排放因子$$
$$（6-23）$$

水泥生产产生的二氧化碳排放量：

$$二氧化碳排放量=\sum_i \left[\left(M_i × C_i - I_m + E_x \right) \right] × EF_i \quad （6-24）$$

其中，M_i 为 i 类水泥的生产量；C_i 为 i 类水泥的熟料比例；I_m 为熟料消耗的进口量；E_x 为熟料的出口量；EF_i 为 i 类水泥中熟料的排放因子。

单位地区生产总值二氧化碳排放量指在一定时期内（通常为一年），每生产万元地区生产总值排放多少吨的二氧化碳，地区生产总值按不变价计算。计算公式为

$$单位地区生产总值二氧化碳排放量=\frac{二氧化碳排放量}{地区生产总值} \quad （6-25）$$

环境治理指标是反映环境治理保护投入力度和水平的重要指标，也是评价自贸区良性发展的重要依据。

3. 环境治理指标

1）环境污染治理投资占地区生产总值比重

环境污染治理投资指在污染源治理和城市环境基础设施的资金投入中，用于形成固定资产的资金,其中污染源治理投资包括工业污染源治理投资和"三同时"[①]项目环保投资两部分。环境污染治理投资为城市环境基础设施投资、工业污染源治理投资与"三同时"项目环保投资之和。环境污染治理投资占地区生产总值比重计算公式为

---

① "三同时"制度是在中国出台最早的一项环境管理制度,是在中国特色社会主义制度和建设经验的基础上提出来的,具有中国特色并行之有效的环境管理制度。具体内容为：建设项目中防治污染的设施,应当与主体工程同时设计、同时施工、同时投产使用。

$$环境污染治理投资占地区生产总值比重=\frac{环境污染治理投资}{地区生产总值}\times100\%\quad(6-26)$$

2）工业"三废"处理达标率

工业"三废"处理达标率指工业废水排放达标率、工业废气排放达标率、工业固体废弃物综合利用率的算术平均。计算公式为

工业"三废"处理达标率

$$=\frac{工业废水排放达标率+工业废气排放达标率+工业固体废弃物综合利用率}{3}$$

$$(6-27)$$

其中，工业废气排放达标率是工业二氧化硫排放达标率、工业烟尘排放达标率、工业粉尘排放达标率的算术平均数。

3）环境质量指数

环境质量是包括水环境、大气环境、土壤环境、生态环境、地质环境、噪声等环境要素优劣的一个综合概念。由于环境统计数据的限制，环境质量指数的计算目前暂由水环境、大气环境、绿化等环境要素构成，待条件成熟时，再加其他。环境质量综合指数包括：城市空气质量达标率、地表水达标率和国土绿化达标率。其计算公式为

$$环境质量综合指数=城市空气质量达标率\times40\%+地表水达标率\times40\%\quad(6-28)$$
$$+国土绿化达标率\times20\%$$

其中，城市空气质量达标率为辖区内城市全年空气质量良好以上天数［即空气污染指数（air pollution index，API）小于或等于100的天数］占总天数比例的平均值；地表水达标率是指辖区内各地表水环境功能区断面全年监测结果均值按相应水域功能目标评价达标的断面数占总断面数的比例。计算公式为

$$地表水达标率=\frac{辖区内各地表水环境功能区断面中全年水质达标的断面数}{辖区内各地表水环境功能区总断面数}\times100\%$$

$$(6-29)$$

国土绿化达标率为辖区内森林覆盖率与目标值23%的比率。计算公式：

$$国土绿化达标率=\frac{森林覆盖率}{23\%}\times100\%\quad(6-30)$$

4）城市生活垃圾无害化处理率

生活垃圾无害化处理量指用卫生填埋、堆肥、焚烧等工艺方法处理生活垃圾的总量，即生活垃圾在无害化处理厂（场）处理的垃圾总量。城市生活垃圾无害化处理率指在一定时期内（通常为一年），生活垃圾无害化处理量与生活垃圾产

生量比率。在统计上，由于生活垃圾产生量不易取得，可用清运量代替。计算公式为

$$城市生活垃圾无害化处理率=\frac{城市生活垃圾无害化处理量}{城市生活垃圾产生量}×100\%（6-31）$$

5）城镇生活污水处理率

城镇生活污水处理率指在一定时期内（通常为一年），城镇生活污水处理量与城镇生活污水排放量的比率。计算公式为

$$城镇生活污水处理率=\frac{城镇生活污水处理量}{城镇生活污水排放量}×100\%　　　　（6-32）$$

城镇生活污水排放量指城镇居民每年排放的生活污水，用人均系数法测算。计算公式为

城镇生活污水排放量=城镇生活污水排放系数×市镇非农业人口×365（6-33）

城镇生活污水处理量指报告期内污水处理厂处理的城镇生活污水总量。由于污水处理厂不仅处理生活污水，也处理一部分工业废水。因此，计算公式为

城镇生活污水处理量=污水处理厂处理的城镇生活污水总量−处理的工业废水总量

（6-34）

（四）科技创新类指标

科技进步和创新已经成为加快转变经济发展方式的重要支撑，自贸区建设要充分发挥科技第一生产力和人才第一资源作用，推动发展向主要依靠科技进步、劳动者素质提高、管理创新转变，以达到加快建设创新型国家的要求。自贸区是国家为加快经济发展、使贸易投资体制更适应国家特色、寻求政府职能与相关政策可复制性而设置的特殊监管区域，加快人才引进与科技发展是自贸区谋发展的必由之路。自贸区吸引相关人才，提高区内创新奖励与政策福利，从而加快自贸区区内科技进步、产业结构高质量转换，进而推广至全国转化成创新型的制造强国。因此，科技创新模块设置了 R&D 投入、R&D 产出 2 项二级指标及 6 项三级指标。

1. R&D 投入指标

R&D 投入指标是国际上通用的衡量一个国家或地区科技活动规模、科技投入强度及科技创新能力的重要指标，在很大程度上反映了一个国家或地区经济增长潜力和可持续发展能力。

1）万人 R&D 人员全时当量

R&D 人员全时当量由参加 R&D 项目人员的全时当量及应分摊在 R&D 项目

的管理和直接服务人员的全时当量两部分相加计算。例如，一个人在 R&D 活动上花费了 30% 的正常工作时间，而 70% 的时间用于其他工作，则其折合全时当量为 0.3。万人 R&D 人员全时当量指地区每万个人口的 R&D 人员全时当量。计算公式为

$$\text{万人 R\&D 人员全时当量} = \frac{\text{R\&D 人员全时当量}}{\text{人口总数} / \text{万人}} \times 100\% \qquad (6\text{-}35)$$

2）R&D 经费支出占地区生产总值比重

R&D 指在科学技术领域，为增加知识总量、运用这些知识去创造新的应用进行的系统的创造性的活动，包括基础研究、应用研究、试验发展三类活动。计算公式为

$$\text{R\&D 经费支出占地区生产总值比重} = \frac{\text{R\&D 经费支出}}{\text{地区生产总值}} \times 100\% \quad (6\text{-}36)$$

2. R&D 产出指标

R&D 产出指标是反映出口商品中高技术含量、高附加值产品所占比重的一个重要指标，这一比重的提高既可以直接反映出中国外贸出口产品结构不断升级，也可以间接反映出中国的自主创新能力不断增强。

1）万人专利授权数

专利授权数指报告年度内由国内外知识产权行政部门向调查单位授予专利权的件数，包括发明、实用新型和外观设计三种专利，反映拥有自主知识产权的科技和设计成果情况。万人专利授权数指按年度常住人口平均计算的专利授权数。计算公式为

$$\text{万人专利授权数} = \frac{\text{专利授权数}}{\text{人口总数} / \text{万人}} \times 100\% \qquad (6\text{-}37)$$

2）高技术产业新产品销售收入

高技术产业包括医药制造业、航空航天器制造业、电子及通信设备制造业、电子计算机及办公设备制造业、医疗设备及仪器仪表制造业等，这些行业的新产品销售收入总和为该段时间内的高技术产业新产品销售收入。

3）高技术产品出口占总出口比例

高技术产品出口占总出口比例指一定时期（通常为一年）高技术产品出口产值占同期总出口产值的比重。计算公式为

$$\text{高技术产品出口占总出口比例} = \frac{\text{高技术产品出口产值}}{\text{总出口产值}} \times 100\% \qquad (6\text{-}38)$$

4）技术市场交易额

技术市场交易额指登记合同成交总额中，明确规定属于技术交易的金额，即从合同成交总额中扣除所提供的设备、仪器、零部件、原材料等非技术性费用后实际技术交易额，但合理数量的物品并已直接计入研究开发成本的除外。

（五）公众评价类指标

公众评价是自贸区发展成果最重要的衡量标准，创建服务型政府必须坚持群众满意的原则。该指标为主观指标，采用民意调查得到，用于衡量公众对于综合发展的主观感受和认可程度。因此，评价体系引入公众评价类指标，作为重要的辅助参考指标。

在此借鉴 2016 年中国（福建）自由贸易试验区发展研究中心发布的《走进中国（福建）自由贸易试验区》一书中的福建自贸区运行效果满意度评价指标体系。该评价体系分为 3 个一级指标，16 个二级指标。其中，一级指标分别为企业对自贸区运行的总体感知满意度、运行成效认同率、创新政策综合满意率。以定性定量相结合方式评估区内企业对自贸区运行状况的总体感知、政策感知，提出实施效果的需求和建议。

第二节　中国自贸区专项统计指标体系

一、中国自贸区专项统计指标介绍

本书对截至 2018 年我国建设的各个自贸区所公布的专项统计指标进行了分析与研究，中国现有的 12 个自贸区总体方案中的总体目标可以分为 "扩大投资领域的开放、推进贸易发展方式转变、深化金融领域的开放创新、加快政府职能转变、完善法制领域的制度保障、培育国际化和法治化的营商环境、区域辐射带动功能突出"等目标。基于国内外现有关于自贸区绩效评价的研究，结合中国自贸区总体建设目标，将"行业准入"、"政策环境"、"营商环境"、"区域辐射效率"和"产业升级"设置为中国自贸区统计指标专项评价体系的五个一级指标。

而针对不同定位的中国自贸区的建设需求是有差异的，不同功能的自贸区在政策优惠、产业聚集升级、贸易便利化等方面均有不同的侧重点，因此中国 12 个自贸区评价有必要设立专项指标体系，详细指标见表 6-2。

表 6-2　中国自贸区专项统计指标

一级指标名称	二级指标名称	三级指标名称
行业准入	服务业投资领域行业准入	金融服务业行业准入
		生产性服务业行业准入
		现代商业服务业行业准入
		现代物流技术行业准入
		文化服务业行业准入
		社会服务业行业准入
		会览服务业行业准入
		其他服务业行业准入
	制造业投资领域行业准入	装备制造业行业准入
		电子信息和软件行业准入
		医药科技制造行业准入
		其他先进制造业行业准入
区域辐射效率	口岸服务辐射效率	无水港运营效率
		国际大型会展中心数
		多式联运指数
		仓内存储效率
		转运连接性指数
	区域产业关联程度	空间集聚指数
营商环境	企业营商环境	开办企业成本
		获得信贷便利度
		信息披露指数
	跨境贸易便利程度	进出口所需文件
		进出口所需时间
		进出口成本
	外商投资便利程度	外商新设企业成本
		实缴资本下限
	融资便利程度	信用信息指数
		金融机构效率
		破产保护
		融资途径
	契约执行效率	司法体系效率
		仲裁效率
政策环境	政府效率	行政审批效率
		税款缴纳便利性
		政策透明度
		外汇进出限制程度
		知识产权保护水平

一级指标名称	二级指标名称	三级指标名称
政策环境	政策优惠	税收优惠政策
		综合用地政策
		信贷优惠政策
		开放内销市场优惠政策
		"沿海捎带"政策
	政府监管	海关对区内企业监察
		海关货物备案控制
		海关监管电子化水平
		信用监管体系
		金融风险防控体系
		应急联动机制
产业升级	去产能化	淘汰落后产能
		工业品出厂价格
		工业企业盈利
		高技术产业新产品销售收入
	创新环境	人才虹吸效率
		区内企业技术吸收能力
		区内企业用于研发平均支出
		高等院校与企业合作研发效率
		信息基础设施水平
	创新效率	先进制造业发展水平
		制造业产业结构优化
		生产性服务业发展水平
		风险投资效率
		科研机构效率

二、中国自贸区专项统计指标含义

（一）行业准入指标

自贸区大力创建的新形势下，国务院明令自贸区当地省政府继续扩大开放，在 2018 年初，便下发了新政策与决定。决定指出将进一步明确行业准入的时间线和空间向的放宽准入限制，取消大多数服务业和制造业的投资比例限制等。评估自贸区前国民准入限制制度运行情况及负面清单管理模式的使用情况，准确运用行业准入指标将有利于评估自贸区服务业、制造业等行业发展形势。

行业准入一级指标下包括服务业投资领域行业准入和制造业投资领域行业准入二级指标。新形势下我国深化对外开放的总体战略布局要求在服务业和先进制造业等领域进一步扩大开放。《中国自由贸易试验区外商投资准入特别管理措施（负面清单）（2017 年版）》及自贸区总体方案当中服务业和制造业扩大开放措施的具体规定均明确提出，自贸区在金融、航运、物流分拨业、商贸服务、会展服务业服务、文化服务、社会服务等服务业领域，装备制造行业、电子信息和软件行业、医药科技制造等先进制造领域进一步开放。因此，将上述服务业和制造业的行业准入列入三级指标。

对照自贸区中对于行业准入的政策规则，研究自贸区服务制造业对外准入测度方式，在按照《国民经济行业分类》（GB/T 4754-2011）和国际标准产业分类（ISIC/Rev.4）调整对接的基础上，借鉴陆建明等（2015）对美国负面清单服务业市场准入的测度方法，评价中国自贸区服务业和制造业进一步开放程度。首先，在对《中国自由贸易试验区外商投资准入特别管理措施（负面清单）（2017 年版）》及中国自贸区总体方案当中服务业和制造业扩大开放措施的具体规定进行梳理的基础上，将行业准入限制类型分为禁止型准入限制、禁止子行业型准入限制、非自动许可型准入限制等九类准入限制类型；将负面清单上的指标转化为正面清单。其次，根据类型打分，限制越高分数越高，如全面性限制行业评为 10 分，部分性限制的行业评分为 5 分等，以此类推。再次，根据该行业不符规定的数量及程度打分。最后运用差离值（differential value，DIF）法，测算市场准入水平。

自贸区共用一张负面清单，这意味着开放度基本相同。《自由贸易试验区总体方案》的主要任务和措施中明确指出，要"深化金融领域开放创新"。因此，对于几大服务业行业准入的相对重要性而言，金融服务业的开放无疑是自贸区服务业开放的重中之重。现代物流技术行业等其他五大服务业的行业准入权重次之，权重最低的是其他服务业。对于制造业行业准入的相对重要性而言，制造业进一步开放在自贸区总体方案中均有不同程度的侧重。因此，装备制造业行业准入最为重要，电子信息和软件行业准入权重次之，权重最低的是其他先进制造业行业准入。

（二）区域辐射效率指标

设立自贸区的一大重要意义即凸显自贸区区域辐射力及影响力。针对自贸区区域辐射效率下二级指标的相对重要性而言，口岸服务辐射效率的重要性要明显高于区域产业关联程度。

1. 口岸服务辐射效率指标

口岸服务辐射效率工程是自贸区促使投资贸易便利化的一大重要工程，它涉及海关、空港、出入境检疫、海事、边防、通信、仓储、税务等诸多部门。口岸服务辐射效率二级指标下的三级指标说明如下。

（1）无水港运营效率。无水港相对于沿海港，作为内陆运输保税货站，无水港对接沿海港口，具有海关和集装箱运输的综合性服务功能，是研究内陆型自贸区口岸运输能力的一项重要指标。相对而言，沿海港服务能力自然是研究沿海型自贸区口岸发展状况的综合性指标。根据自贸区官方网站推出的无水港及沿海港运营相关数据，测度自贸区区外口岸与区内口岸通关协作一体化程度，包括区内港口数量、港口货物进出口额占口岸进出口额比重。

（2）国际大型会展中心数。会展业是衡量地区开放程度、城市活力和发展潜力的重要标志之一。大型会展中心可以提高城市竞争力水平和综合地位，体现城市综合实力与对外开放程度。通过政府统计、搜集相关数据，研究自贸区所设企业跨地区经营规模，分析供应网络方式。

（3）多式联运指数。集装箱多式联运作为综合运输与现代物流的重要结合方式，对其联运方式的评测能有效分析当地口岸运营及辐射情况。通过自贸区官网信息公开、中经网数据库及问卷调研的方式，评测自贸区的集装箱多式联运水平效率。

该指标体系包含以下子指标：①多式联运体系规模。包含多式联运量占总运输量的比重，集装箱码头吞吐量，船舶靠泊量、航港运输基础设施的服务质量，海航、铁水、公铁、陆空、海空联运中途硬件衔接程度。②多式联运时效。联运时效是直接体现联运效率的指标。③多式联运业务收入年增量。该指标可大致反映出该方式对地区生产总值的贡献程度。④联运信息支持度。该指标包括多式联运集装箱化程度和电子单证化程度，重点考察联运时集装箱设施信息支持程度。可以通过自贸区官网信息公开、问卷调查等方式重点测度口岸进出口额度、各方式吞吐量排名等数据。

（4）仓内存储效率。自贸区仓储行业的发展伴随着物流行业的发展不断壮大，测度自贸区内保税物流中心仓储效率可有效地侧面反映自贸区物流进行程度及自贸区仓储效果。该指标包括自贸区仓储容量、企业仓储成本、仓库入库量、电子订单系统收货量、仓库装卸作业时间效率，用以测度区内物流园仓储区模式效率。

（5）转运连接性指数。转运连接性指数衡量的是自贸区与其他国家的连接性，这个指数的得分是四种连接类型的加权和：第一种没有转运的类型，数字要乘以1；需要转运1次的要乘以0.5，转运2次的需要乘以0.25；转运3次的需要乘以0.13；权重代表连接的效率。然后，基于问卷调研和访谈的方法获取基础数据并打分，测度自贸区与其他国家运输连接程度。

2. 区域产业关联程度指标

自贸区产业集聚力强劲，尤其是服务业、制造业及其相关联产业（如仓储业）在相关政策及国内外龙头企业的相辅相成下形成强劲持续的竞争力和优势，带来巨大的产业辐射作用。

区域产业关联程度二级指标下的三级指标说明如下：空间集聚指数。该指数是 Ellision 和 Glaeser（1997）对美国产业空间集聚效应进行研究时提出的，它不仅修订了空间基尼系数的不足，还将企业规模、区域空间分布考虑进去，形成了可跨产业、跨空间的新型适用性区域产业集聚指数。

EG 指数计算公式如下：

$$R_i = \frac{T_i - \left(1 - \sum_{j=1}^{r} x_j^2\right) H_i}{\left(1 - \sum_{j=1}^{r} x_j^2\right)(1 - H_i)} \quad （6\text{-}39）$$

其中，

$$T_i = \sum_{j=1}^{r} \left(x_j - S_{ij}\right)^2 \quad （6\text{-}40）$$

$$H_i = \sum_{K=1}^{N} Z_K^2 = \sum_{j=1}^{r} n_{ij} \left(\frac{V_{ij}/n_{ij}}{V_i}\right)^2 = \sum_{j=1}^{r} \frac{1}{n_{ij}} \left(\frac{V_{ij}}{V_i}\right)^2 = \sum_{j=1}^{r} \frac{S_{ij}^2}{n_{ij}} \quad （6\text{-}41）$$

其中，R_i 为产业 i 在自贸区尺度下的产业聚集度；T_i 为产业 i 在自贸区 j 的空间基尼系数；x_j 为自贸区 j 制造业产值占该市区内制造业总值的比重；S_{ij} 为产业 i 在自贸区 j 的产值占该市区内该产业总产值的比重；H_i 为产业 i 的赫芬达尔指数；n_{ij} 为自贸区 j 内有产业 i 的企业数；V_{ij} 为产业 i 在该市区内的总产值；Z_K 为第 K 家企业的产业 i 的产值占该区域产业 i 总产值的比重。

（三）营商环境指标

从自贸区营商环境下二级指标的相对重要性来看，企业营商环境重要性要高于跨境贸易便利程度、外商投资便利程度、融资便利程度和契约执行效率。

1. 企业营商环境指标

企业营商环境二级指标下的三级指标说明如下。

（1）开办企业成本。该指标是测度在自贸区内注册企业的需要审批进行程序、耗费总时长、开办花费资金、所需缴纳资金的上下限值等条件。该指标数据获取方式可借鉴世界银行发布的《营商环境报告》中的"开办企业"指标所运用的专家评估法，结合问卷调查的方式评估该指标。

（2）获得信贷便利度。该指标是测度自贸区注册企业获得信用贷款所需经过的相关程序与时间。该指标能考察自贸区招商开办企业的复杂程度。指标数据获取方式可参考世界银行发布的《营商环境报告》中的"获得信贷"指标。

（3）信息披露指数。该指标能促进投资者对自贸区所驻企业进行资产组合注资。企业财务与信息的公开披露透明度是市场有效运转的前提。（参考《营商环境报告》中的"投资者保护"下"信息披露指数"指标）。

2. 跨境贸易便利程度指标

跨境贸易便利程度二级指标下的三级指标说明如下。

（1）进出口所需文件。该指标是测度自贸区企业进出口商品需要审批的文件量，将商品进入海关，进行必要的检验检疫，以及在海港、陆港和码头集中装箱所涉及的机关部门等放行程序所需的证明都纳入考虑当中。

（2）进出口所需时间。该指标是指自贸区企业进出口货物在自贸区办理手续总共需要的工作日时间。其中，所需工作日时间是指企业向相关机关提出办理手续开始到货物到达自贸区集装箱并完成仓库运输结束为止。

（3）进出口成本。该指标是指自贸区企业进口货物、出口物品办理各项单证手续需要花费的资金成本。该费用包含通关费用、检查检疫费用、相关中介代理费用、集装箱或海陆港装货运输费用。

3. 外商投资便利程度指标

外商投资便利化程度二级指标下的三级指标说明如下。

（1）外商新设企业成本。该指标与前面的"开办企业成本"相似，是测度外商在自贸区注册企业的法定资本，包括其开办注册成功所需必要流程、花费的资金与时间。

（2）实缴最低资本。该指标能测度外商在自贸区成立企业时实际收获的股东出资最低金额，即衡量企业实际缴纳资本下限。

4. 融资便利程度指标

融资便利程度二级指标下的三级指标说明如下。

（1）信用信息指数。采用自贸区官方网站数据，测度自贸区信用风险分类监管程度、企业年度报告公示制度和企业信用信息公示制度效率。包括是否出台企业年度报告公示制度和企业信用信息公示制度规定，强度和公示频率如何，采用0~5分打分法对各子项目进行打分后，进行加权加总分数。

（2）金融机构效率。包含微观金融产出效率和金融资源分配效率两个子指标，即自贸区金融体系完善程度（银行、证券、保险总部及营业部数量和增长率）、金融市场法制完善程度（是否有投资者保护法律、法律健全程度）。借鉴周国富和胡慧敏（2007）指出的金融效率测度指标体系及其测度方法，采用官网公布数据测度自贸区金融资源配置程度及金融产业系统内部协调度。

（3）破产保护。该指标用于测度自贸区企业用于申报办理破产时其资本回收比率的大小，其数据的获取方式可借鉴世界银行发布的《营商环境报告》中的"企业破产"指标。

（4）融资途径。该指标可采取打分法进行企业问卷调查，如企业向银行进行担保获取资金的方式打 10 分，企业从保险公司获得融资租赁的方式打 8 分，企业从专门的担保保理处获得资金的方式打 5 分等。该指标可测度自贸区内企业获得融资的难易程度与便利化程度。

5. 契约执行效率指标

契约执行效率二级指标下的三级指标说明如下。

（1）司法体系效率。该指标数据可以通过对自贸区注册企业进行相应问卷调查获取，运用公式：公检法支出/自贸区当年地区生产总值比较司法质量，该比值越小司法制度质量越低。

（2）仲裁效率。该指标数据从相关官网公告获取。运用公式：仲裁机构支出/自贸区当年地区生产总值比较仲裁机构执行质量。还可以将区内企业合同仲裁时间和费用、仲裁机构执行效率、司法机关执行效率作为衡量该指标高低的子指标。

（四）政策环境指标

政策环境是指自贸区为营造国际化、便利化、市场化、法治化的营商环境，吸引国内外企业入驻园区，集聚人才、技术、资本等高端要素资源，推动开放型经济发展所施行的政策支持体系。

1. 政府效率指标

政府效率二级指标下设行政审批效率、税款缴纳便利性、政策透明度、外汇进出限制程度、知识产权保护水平 5 个三级指标。

1）行政审批效率

政府监管模式效率提升作为政府监管制度创新发展的头号任务，政府行政审批效率指标可以测度该任务完成效果；而后面四个指标可测度政府为企业提供规范化、市场化、法治化的政策制度完成程度。同时，该类指标也可以反映自贸区事中事后监管制度的实施效果。

2）税款缴纳便利性

该指标可以借鉴世界银行提出的《营商环境报告》中纳税指标的构建方法，通过自贸区官方数据库数据测度以下几个方面：自贸区税率表运用成效，自贸区相关部门管理税务业务完成量，企业缴税总耗时。

3）政策透明度

该指标主要测度四个自贸区相关法律法规、政策措施体系完善程度，相关法律法规、政策措施发布的及时性、获取渠道的多样性和便利性，相关法律法规、政策措施可解读性和可操作性。

4）外汇进出限制程度

可采取自贸区官方网站公布数据、企业调研的方式获得相应数据，测度自贸区外币管理成效。该指标可以测量相关企业在交易环节中收付款、运保险费支付、跨境核算及境外拆借海外收购企业等方面的收付汇款的便利程度，主要包括规定企业在贸易项下（外贸企业收款、付款、运费、保险费支付，外资企业跨境结算、佣金支付等业务环节）和非贸易项下（如外资企业注册、利润汇回，自贸区内企业境外拆借，海外收购等业务）收付汇的便利性。1~4 项分指标主要依据自贸区官方网站数据公布、企业调研、问卷调查和深度访谈的方式获得数据。

5）知识产权保护水平

自贸区知识产权服务便利度的测算可采用 Ginarte 和 Park 所创立的知识产权保护指数，指标可测度知识产权保护制度的覆盖范围和执行效率，可通过 AHP 法计算权重，得到知识产权保护水平综合评分。即采用 0～5 分打分法对各子项目进行打分后采用 AHP 法合计为一个加权加总分数。

2. 政策优惠指标

政策优惠二级指标下包含以下 5 个三级指标，说明如下。

（1）税收优惠政策。自贸区内实施促进投资的税收优惠政策和促进贸易的税收优惠政策。各自贸区共同研究境外股权投资、离岸业务税收制度、关税减免优惠（将融资租赁纳入出口退税的范围；对于生产型企业进口设备、元器件实行免税政策）。在符合税制改革方向和国际惯例，以及不导致利润转移和税基侵蚀前提下，调整完善对外投资所得抵免方式；研究完善适用于境外股权投资和离岸业务的税收制度。

（2）综合用地政策。中国自贸区明确提出综合用地的概念，鼓励公共服务设施用地、工业用地、仓储物流用地根据业态需求，进行土地混合开发和建筑复合利用，进一步提高土地利用质量和效益。例如，上海自贸区综合用地政策可概括为"1222"，即"一个明确""两个管控""两个衔接""两个加强"。

（3）信贷优惠政策。该指标指的是自贸区内的法人与自然人能够以较少限制从银行等金融机构获得信贷。

（4）开放内销市场优惠政策。该指标指允许自贸区内商品以一定比例进入自贸区所在国。

（5）"沿海捎带"政策。该政策是一项自贸区航运政策创新，是传统沿海运输权的有限放开。"沿海捎带"政策于法有据。沿海运输权保留是我国非常重要的航运政策，体现国家在航运领域的主权。"沿海捎带"政策有利有弊，应综合评估，积极完善，审慎推广。

3. 政府监管指标

截至 2017 年 9 月 17 日，上海海关已出台 23 项自贸区创新制度。这 23 项制度中，包括一线进境货物"先进区、后报关"在内的 7 项措施，已经可以在全国其他海关特殊监管区域复制推广；包括"加工贸易工单式核销"在内的 10 项措施，已在上海海关关区内复制推广；包括"期货保税交割"在内的 5 项措施，已在上海自贸区内实施；自主报税、海关重点稽核制度则尚在准备中，即将在自贸区内推出。

而内陆自贸区着力服务"两体系、一枢纽"建设，包括打造内陆口岸开放高地，支持航空口岸、铁路口岸建设，提高通关服务保障能力。同时积极优化口岸通关环境，优化监管执法流程；支持依托电子口岸公共平台建设国际贸易"单一窗口"，实现"一站式"办理所有通关手续；压缩货物通关时间三分之一，进一步提高通关效率；支持免除查验没有问题货物吊装、移位等费用。

1）海关监管体系

关于海关对区内企业监察、海关货物备案控制及海关监管电子化水平可以通过上述 23 条自贸区海关创新制度体现。自贸区将积极深化"放管服"改革，建立随机抽查结果公开机制；推进业务流程再造，简化审批流程，压缩层级；加快"互联网+海关"建设，深入推进海关服务事项网上办理。

例如，推进海关 AEO 互认。AEO 即"经认证的经营者"。AEO 互认之后，每个国家按照双边协议，进出口贸易中，本国的高资信企业到了另一国，也可以享受最高等级的通关便利。海关优先将自贸区内企业作为首批运作企业，及时享受 AEO 互认成果，适用相应通关便利措施。随着中国与其他贸易国双边互认谈判的不断进展，企业获便利的国别范围将越来越广，在此过程中，自贸区 AA 类企业将获得首批次试点，以及与海关总署国际 AEO 联络员专有通道，去协调异国通关疑难的权利。

企业自律管理模式创新。把海关稽查部门对企业的强制性查处违规行为，变成一条企业主动向执法机构报告相关行为的途径，通过这个途径，能使海关对企业的行政处罚及相关贸易便利措施得到不同程度的减轻或保留。希望企业以年度报告或自查报告的形式，主动向海关稽查部门提交，通过审核、必要时通过稽查，确认企业违反规定的行为，据此，海关做出不同惩罚。

集中汇总纳税。将传统的海关主导型的税收征管模式转变为企业主动型的征管模式。深化税收征管环节的"前推"和"后移"，在有效担保前提下，企业在规定的纳税周期内，对已放行货物向海关自主集中缴付税款，推进征缴电子化，海关由实时性审核转为集约化后续审核和税收稽核。实施集中汇总纳税后，在有效担保的前提下，实行先放行后征税的模式，企业在一个月内对已放行的货物集中支付税款，从而实现货物的高效通关，缓解企业资金压力，降低企业纳税成本，有利于激发市场主体的活力。据测算，应税货物通关时间可节省 70%。

智能化卡口验放。改革内容：改革前车辆、货物进出由人工办理手续，效率较低。改革后简化卡口操作环节，升级改造卡口设施，实现自动比对、自动判别、自动验放，缩短车辆过卡时间，提升通关效率。

2）信用监管体系

信用监管体系建设作为自贸区事中事后监管六项制度创新之一，具有重要作用。

一是弥补监管缺位。自贸区放宽市场准入、改革行政审批制度，在一定程度上削弱了对市场主体的入口限制，增强了对市场主体经营行为过程监管的需求。通过社会诚信体系建设来加强社会信用管理，可以弥补政府事前监管的不足。

二是防范交易风险。自贸区较宽松的市场环境和较低的进入门槛意味着更大的市场风险，交易主体的诚信水平更直接决定了交易风险的高低。通过社会诚信体系建设，促进交易主体信用情况的公开透明。

三是加强后续监管。不同管理部门从各自职能出发形成的监管信息，特别是负面信息，对其他部门的分类管理具有一定的参考价值。通过社会信用体系建设，整合各管理部门信用管理标准，规范后继监管制度，实现信息共享和联动管理。

3）金融风险防控体系

自贸区金融改革一直把风险防范放在最重要的位置。风险防范主要有两种方式。一是制度设计，共有八大方面，每一项都作用于资本账户相关的跨境金融活动，能够从制度上来保证总体改革有序进行。二是信息系统、监测管理系统的建立。信息系统的第一项功能，是只要在自贸区里的企业和金融机构的跨境活动，每一笔交易在第一时间都会在信息系统中反映出来。第二项功能是建立了一套信息预警系统，让我们有可能进行真正意义上的事中事后监管。通过制度建设和强大的事中事后监管管理信息系统的结合，积极地推进自贸区的金融改革。

4）应急联动机制

自贸区严格执行环境保护法规和标准，严格执行安全管理制度，强化安全监管保障。建立健全应急联动机制，充实应急救援力量，全力强化应急保障。

（五）产业升级指标

产业升级一级指标下设去产能化、创新环境和创新效率 3 项二级指标，分别测度自贸区的高端要素集聚水平和产业升级潜力。

产业升级一级指标下的二级指标的选取是借鉴了张邵乐（2017）《自贸区综

合发展水平影响因素评价研究》中相关指标。指标选取基于自贸区总体方案中优先发展先进制造业、生产性服务业、扶持科研机构的方法措施，目的性和科学性并存。

去产能化下设淘汰落后产能、工业品出厂价格、工业企业盈利、高技术产业新产品销售收入 4 项三级指标，反映了自贸区内对产业资源的重新配置和产业结构升级的整体水平。

创新环境下设人才虹吸效率、区内企业技术吸收能力、区内企业用于研发平均支出、高等院校与企业合作研发效率、信息基础设施水平 5 项三级指标，反映了自贸区促进创新要素集聚与流动、建设区域性创新平台带来的创新示范和带动作用，以及服务体系健全、积极融入全球创新网络的政策实施效果。

创新效率下设先进制造业发展水平、制造业产业结构优化、生产性服务业发展水平、风险投资效率、科研机构效率 5 项三级指标，反映了自贸区进一步扩大制造业开放，提升区域创新能力进而促进产业升级的政策目标。

1. 创新环境

从区内创新能力下二级指标的相对重要性看，创新环境的重要性要略高于创新效率。创新环境二级指标下的三级指标说明如下。

1）人才虹吸效率

自贸区的长久发展依赖于自贸区人才引进效果和人才创新效率。自贸区不断推出的人才重点工程，起到了引才、聚才、用才的重要作用。针对自贸区创新环境的评估，测度自贸区人才虹吸效率当属首位。通过制作调查问卷或自贸区官网披露的人才引进数、人才引进政策措施力度，测度自贸区促进创新要素集聚程度。主要包括测度自贸区内对国际人才流动的限制程度、企业为员工提供培训程度及自贸区相关税制对企业吸引人才的刺激效应。

2）区内企业技术吸收能力

自贸区相关优惠政策使得区内企业有着良好的人才虹吸效率，人才引进能更好地促进企业的技术提升。对于自贸区内企业的技术吸收能力的测度，建议直接采用企业问卷调研法或间接通过自贸区经济社会数据库中统计数据来评估自贸区企业对技术转移的吸收、消化和再创造能力，其子指标可以测度企业提交专利数量和费用（转让和受让），区内技术引进成交额及增长率，区内人力资本存量，引进海外归国人才或区内人才量，以及引进博士人才量。

3）区内企业用于研发平均支出

该指标可采取问卷调研或者官网公告获取的方法，测度自贸区企业在科研创新方面下的力度、打造的产业升级基础和未来发展潜力。

4）高等院校与企业合作研发效率

采用问卷调研和深度访谈的方法测度自贸区内企业与高校等科研机构、高校智库间协同创新水平，包括每个自贸区是否与当地高校合作建立研究院或研发中心，联合研发成果，如发表论文多少、立项多少、申请专利多少，专利成果转化效果如何。

5）信息基础设施水平

该指标借鉴张绍乐（2017）《自贸区综合发展水平影响因素评价研究》一文中对该指标的测度方式。对该指标的测度先构建一个指数——自贸区网络通信基础设施指数，该指数包括信息通信能力（国际互联网出口宽带、互联网用户普及率、移动电话普及率）、信息通信产业发展水平（信息服务业营业收入、信息服务业年增长比重、信息和通信技术产品出口占区内总出口比重、信息和通信技术服务出口占区内服务贸易出口比重）、信息化与工业化融合水平（电子商务交易额占区内总交易额比重、信息和通信技术产品进口占区内进口总量比重、信息和通信技术服务进口占区内服务贸易进口比重）；然后通过问卷调研方式、自贸区官网和中国经济社会数据库获得数据，平均加和计算指数，测度自贸区信息基础设施水平。

2. 创新效率

创新效率二级指标下的三级指标说明如下。

1）先进制造业发展水平

该指标的测算和子指标的选取借鉴了龚唯平等（2010）《先进制造业发展动力模型与评价指标体系》中相关指标定义和计算方式。子指标包括先进制造业贡献率、先进制造业贸易竞争指数、先进制造业产业增加值/总制造业产业增加值、先进制造业产业增加值复合年增长率、先进制造业出口总额/区内制造业总出口额。先将不同指标值除以自贸区面积/中国土地面积这个比值，消除不同自贸区先进制造业规模不同的影响，再将子指标的综合计算得分进行趋势比较和不同自贸区之间的横向比较。

2）制造业产业结构优化

采用工业企业库数据和上市公司数据，择出在自贸区内建立的相关制造企业名单，再通过孙宁华和韩逸平（2016）关于制造业结构优化研究的理论基础，测算制造业结构指标（包括泰尔指数、克鲁格曼专业化指数制造业结构高级化指标），测度区内制造业产业结构优化程度。

3）生产性服务业发展水平

生产性服务是当今产业竞争的焦点和全球价值链中的主要增值点，研究其发展对于自贸区产业升级有着重要作用。借鉴文献《中国生产性服务业：内容、发展水平与内部结构重点》①中对生产性服务的定义，进行自贸区生产性服务水平测度。数据可由中国投入产出表获得，计算自贸区生产性服务的年均增长率。

4）风险投资效率

风险投资对于企业或机构创新的影响与 R&D 作用相似，都具有正向作用。风险投资效率通过以下子指标进行自贸区风险投资对区内企业创新影响测度，包括创新产业数与风险投资总额的比例、区内风投项目数、专项服务便利化程度。这些指标数据可以通过自贸区官方网站或相关企业公告获取。

5）科研机构效率

该指标主要通过自贸区内相关科研机构的创新效率进行测度，包括普通专利数量/区内科研人数、专利合作条约（patent cooperation treaty，PCT）专利数量/区内科研人员数、区内科研机构成果金额/区内科研机构在该项目花费金额等子指标。这些子指标数据可以通过机构公告数据获取。

第三节　中国自贸区统计指标体系构建创新点

（1）新型指标体系是一次从"多而全"向"少而精"迈进的积极尝试。传统指标体系大多是各自国家统计局制定的，从全国范围来看这样设置和推广有其必然性，但是继续沿用统计局的指标体系并不能适应自贸区的发展，因为自贸区地理范围和承载能力有限，不能够实现全面调查的要求，即使能够实现也需要再次花费大量的人力、物力和财力。因此，创立"少而精"的新型指标体系就应运而生，能够既精准又便捷地实现对自贸区发展数据的获取。

（2）新型指标体系的内容能够全方位、多层次反映经济、社会、民生等方面的信息。新型指标体系的建立参考了众多现行的综合评价指标体系，如世界银行公布的全球营商环境统计指标体系、中国综合发展评价指标体系、中国四大自贸区基础和专项指标体系、上海财经大学第三方评估指标体系，对各个体系中的指标进行甄别、筛选和分类、汇总，去粗取精，力求精准、全面地展现不同自贸区内经济、社会、民生的建设和发展现状。

（3）新型指标体系突出了不同自贸区之间横向比较的现实意义。新型指标体系被一分为二，划分为基础指标体系和专项指标体系两大领域，然后在不同的领域中再分别设置不同的一级和二级指标，最后运用 AHP 法形成对自贸区建设和运营情况的综合得分。这样建立起来的综合评价体系，使得不同层次的指标都享有

---

① 文献来源于网页：https://wenku.baidu.com/view/989f9863ef06eff9aef8941ea76e58fafab045ff.html。

符合各自特性的权重，因此不同自贸区之间的横向比较才显得更有意义。

（4）基础指标的选择更具专业性、综合性和深刻性。新型指标体系中的指标更多地采用计算相对量的方式，如人均地区生产总值、服务业增加值占地区生产总值比重等人均指标和比例指标，在一定程度上减少或者打破对绝对量指标的"盲信"，因为绝对量并不能展现经济、社会、民生发展的全貌。

（5）专项指标更契合中国自贸区的战略定位。它能够更贴切地展现自贸区总体方案中的总体目标——"扩大投资领域的开放、推进贸易发展方式转变、深化金融领域的开放创新、加快政府职能转变、完善法制领域的制度保障、培育国际化和法治化的营商环境、区域辐射带动功能突出"。针对不同中国自贸区设立了专项统计指标体系，以方便评价不同区域基础的自贸区发展情况。

第七章　自贸区评价统计指标体系初步探索

第一节　基于DEMATEL法的自贸区统计指标体系评价

第五章对评价自贸区指标体系的方法已经进行了详细阐述。由于自贸区的统计指标体系较多为定性指标，故选用 DEMATEL 法对自贸区指标体系进行简单初步评价，为后文的专家打分指标评价与对策建议的提出打下基础。

首先，根据因素 i 与因素 j 的影响程度不同将赋予不同的数值（F_{ij}=0,1,2,3），如表 7-1 所示。

表 7-1　自贸区基础指标评价体系二级指标间的直接影响矩阵

F	1	2	3	4	5	6	7	8	9	10	11	12	13	14	15	16	17	18
1	0	2	3	2	2	1	1	2	2	1	1	2	1	1	1	2	1	1
2	2	0	3	2	2	2	2	1	1	0	0	0	1	1	0	1	1	1
3	3	3	0	2	3	2	2	2	1	1	1	2	1	1	3	1	2
4	2	2	2	0	3	2	2	1	0	0	1	2	1	0	1	1	1
5	3	2	3	3	0	2	2	1	1	1	1	0	1	1	1	1	1	1
6	2	2	2	2	2	0	2	1	1	1	1	1	0	1	0	1	0	1
7	2	1	2	2	2	2	0	2	1	1	1	1	1	1	1	1	1	1
8	1	1	1	1	1	2	2	0	3	2	1	1	1	1	0	1	1	1
9	2	2	2	1	1	2	2	2	0	1	1	1	1	1	2	1	2
10	1	1	1	2	1	2	1	2	1	0	1	1	1	1	1	2	3	1
11	1	1	1	0	1	0	1	0	0	2	1	0	0	2	0	0	1	0	2
12	1	0	1	0	1	2	1	1	2	2	1	2	1	0	1	0	1	1	2

续表

F	1	2	3	4	5	6	7	8	9	10	11	12	13	14	15	16	17	18
13	1	1	2	1	2	1	2	1	2	0	1	1	0	3	2	2	1	2
14	1	0	1	1	1	1	1	1	1	0	0	1	2	0	3	1	0	1
15	0	0	1	2	2	1	2	1	1	0	1	1	3	3	0	1	0	2
16	1	2	2	2	1	1	1	1	1	1	1	1	1	1	1	0	3	1
17	2	2	2	2	2	2	2	2	1	2	1	0	1	1	2	2	0	1
18	1	1	1	1	1	1	1	1	1	0	0	1	0	1	0	0	0	0

通过 R 软件将直接影响矩阵代入公式，求出综合影响矩阵及指标的影响度、被影响度、中心度和原因度，如表 7-2 所示。

表 7-2　自贸区基础指标体系二级指标间的综合影响表

维度	序号	指标	影响度	被影响度	中心度		原因度	
					数值	排序	数值	排序
经济发展类指标	a1	经济增长	2.9731	3.0683	6.0414	3	−0.0952	9
	a2	对外经济贸易	2.3985	2.7449	5.1434	7	−0.3464	14
	a3	**财政及税收**	3.4585	3.4570	6.9155	1	0.0015	7
	a4	结构优化	2.5937	2.9308	5.5245	5	−0.3371	13
	a5	行业发展	3.0182	3.3682	6.3864	2	−0.3500	15
	a6	发展质量	2.3247	2.7957	5.1204	9	−0.4710	17
社会发展类指标	b1	**收入分配**	2.7482	2.9740	5.7222	4	−0.2258	12
	b2	公共服务支出	2.3802	2.7564	5.1366	8	−0.3762	16
	b3	区域协调	2.7965	2.5953	5.3918	6	0.2012	5
	b4	文化教育	2.3969	1.4161	3.8130	16	0.9809	2
	b5	卫生健康	1.4195	1.5663	2.9858	18	−0.1468	10
	b6	社会保障	2.1084	1.9240	4.0324	13	0.1844	6
生态建设类指标	c1	**资源消耗**	2.7743	2.1749	4.9492	11	0.5994	3
	c2	二氧化碳排放	1.8271	1.9960	3.8231	15	−0.1689	11
	c3	环境治理	2.2936	1.7068	4.0004	14	0.5868	4
科技创新类指标	d1	**R&D 投入**	2.5312	2.5889	5.1201	10	−0.0577	8
	d2	R&D 产出	3.0751	1.8067	4.8818	12	1.2684	1
公众评价类指标	e1	公众评价	1.2783	2.5256	3.8039	17	−1.2473	18

注：表中加粗指标为该一级指标下中心度最大的二级指标

由表 7-2 可以看出，自贸区基础指标体系中的二级指标评价中，财政及税收指标、收入分配指标、资源消耗指标和 R&D 投入指标在各个一级指标维度的中心度最大，这表示对自贸区评价时，以上几个指标对自贸区建设影响所占比重最大，是分析评价自贸区发展建设的重要指标。

从表 7-3 得知，按照中心度的排序，制造业投资领域行业准入、口岸服务辐射效率、企业营商环境、政府效率及去产能化在所在一级指标体系中中心度最大，这表明这几个指标将是评价自贸区时的重要指标。按照原因度的排名，政策环境及营商环境的原因度排名较靠前，说明这些指标是起着推动作用的重要指标。从这些指标入手，出台相关优惠政策，改善政府监管体制，提高政府效率，改造创建自贸区营商环境等，进而推动其他指标的改善，最终实现自贸区建设的有效提升。

表 7-3　自贸区专项指标体系二级指标间的综合影响表

维度	序号	指标	影响度	被影响度	中心度		原因度	
					数值	排序	数值	排序
行业准入	A1	服务业投资领域行业准入	1.9385	2.8806	4.8191	7	−0.9421	14
	A2	制造业投资领域行业准入	2.0695	3.1485	5.2180	3	−1.0790	15
区域辐射效率	B1	口岸服务辐射效率	2.4842	2.9800	5.4642	2	−0.4958	12
	B2	区域产业关联程度	1.9792	2.7443	4.7235	8	−0.7651	13
营商环境	C1	企业营商环境	2.8346	3.2336	6.0682	1	−0.3990	11
	C2	跨境贸易便利程度	2.5014	2.6696	5.1710	4	−0.1682	8
	C3	外商投资便利程度	2.1137	2.1501	4.2638	11	−0.0364	7
	C4	融资便利程度	2.5521	2.4822	5.0343	6	0.0699	6
	C5	契约执行效率	2.2956	1.6889	3.9845	12	0.6067	4
政策环境	D1	政府效率	3.2243	1.8818	5.1061	5	1.3425	2
	D2	政策优惠	3.0969	1.5071	4.6040	9	1.5898	1
	D3	政府监管	2.6418	1.8984	4.5402	10	0.7434	3
产业升级	E1	去产能化	1.5694	1.4698	3.0392	13	0.0996	5
	E2	创新环境	1.1482	1.3315	2.4797	15	−0.1833	9
	E3	创新效率	1.1312	1.5140	2.6452	14	−0.3828	10

第二节　基于 AHP 法的自贸区统计指标体系评价

鉴于中国自贸区设立年限有限，指标数据过少、不全，在指标评估方法的选择上，确定指标权重时选择 AHP 法对中国自贸区创新型统计指标体系进行评价分析。

对自贸区的统计指标体系进行评价，首先要对一级指标对自贸区统计指标体系的影响进行比较，构建成对比较矩阵。

在自贸区基础统计指标体系所确定的五个一级指标中，我们认为：①相对于公众评价类指标而言，科技创新类指标和生态建设类指标是稍微重要的、社会发展类指标是比较重要的、经济发展类指标是强烈重要的；②相对于生态建设类指标和科技创新类指标而言，社会发展类指标是稍微重要的、经济发展类指标是比较重要的；③相对于社会发展类指标而言，经济发展类指标是稍微重要的。由此构造如表 7-4 所示的比较矩阵。

表 7-4　一级指标对比矩阵

指标集类型	经济发展类指标	社会发展类指标	生态建设类指标	科技创新类指标	公众评价类指标
经济发展类指标	1	3	5	5	7
社会发展类指标	1/3	1	3	3	5
生态建设类指标	1/5	1/3	1	1	3
科技创新类指标	1/5	1/3	1	1	3
公众评价类指标	1/7	1/5	1/3	1/3	1

写成普通矩阵形式即为

$$A = \begin{pmatrix} 1 & 3 & 5 & 5 & 7 \\ \dfrac{1}{3} & 1 & 3 & 3 & 5 \\ \dfrac{1}{5} & \dfrac{1}{3} & 1 & 1 & 3 \\ \dfrac{1}{5} & \dfrac{1}{3} & 1 & 1 & 3 \\ \dfrac{1}{7} & \dfrac{1}{5} & \dfrac{1}{3} & \dfrac{1}{3} & 1 \end{pmatrix}$$

基于同样的方法和上述对各个相关的二级指标及三级指标之间重要性进行描述。利用专门的 AHP 法软件 yaahp 对上述对比矩阵求解，分别计算出各一级指标权重、二级指标各元素相对于一级指标中与其相关各元素的权重，以及三级指标各元素相对于二级指标中与其相关各元素的权重和总权重。

各指标的权重如表 7-5 所示。

表 7-5　自贸区基础统计指标权重表

一级指标名称及权重	二级指标名称及权重	三级指标名称	三级指标权重	AHP 权重
经济发展类指标 （0.501 1）	经济增长（0.361 7）	人均地区生产总值	0.426	0.077 211 593
		地区生产总值指数	0.287 8	0.052 163 137
		新设企业数量及注册资本总额	0.117	0.021 206 001
		商品销售总额	0.117	0.021 206 001
		社会消费品零售总额	0.052 3	0.009 479 264
	对外经济贸易 （0.268 3）	进出口总额	0.637	0.085 641 548
		利用外资总额	0.258 3	0.034 727 177
		中方境外投资总额	0.104 7	0.014 076 405
	财政及税收（0.143 9）	税收总额	0.695 5	0.050 151 316
		一般公共预算	0.229	0.016 512 798
		期末余额	0.075 4	0.005 436 965
	结构优化（0.134 5）	服务业增加值占地区生产总值比重	0.3	0.020 219 385
		固定资产投资额	0.3	0.020 219 385
		居民消费占地区生产总值比重	0.3	0.020 219 385
		高技术产品产值占工业总产值比重	0.1	0.006 739 795
	行业发展（0.060 2）	入驻金融企业数	0.392 4	0.011 837 225
		金融相关服务企业数	0.297 4	0.008 971 434
		设立自由贸易账户数	0.128 1	0.003 864 293
		跨境人民币结算总额	0.128 1	0.003 864 293
		规模以上工业总产值	0.054	0.001 628 976
	发展质量（0.031 4）	财政收入占地区生产总值比重	0.75	0.011 800 905
		全员劳动生产率	0.25	0.003 933 635
社会发展类指标 （0.246 1）	收入分配（0.448 2）	城乡居民收入占地区生产总值比重	0.5	0.055 151 01
		基尼系数	0.5	0.055 151 01
	公共服务支出 （0.245 8）	人均基本公共服务支出	0.75	0.045 368 535
		基本公共服务支出占财政总支出比例	0.25	0.015 122 845
	区域协调（0.030 7）	地区经济发展差异系数	1	0.007 555 27
	文化教育（0.114 1）	文化产业增加值占地区生产总值比重	0.75	0.021 060 008
		平均受教育年限	0.25	0.007 020 003
	卫生健康（0.108 7）	医疗产业增加值占地区生产总值比重	1	0.026 751 07
	社会保障（0.052 5）	基本社会保险覆盖率	1	0.012 920 25

续表

一级指标名称及权重	二级指标名称及权重	三级指标名称	三级指标权重	AHP 权重
生态建设类指标（0.103 8）	资源消耗（0.625）	单位地区生产总值能耗	0.428 6	0.027 805 425
		单位地区生产总值水耗	0.428 6	0.027 805 425
		单位地区生产总值建设用地	0.142 9	0.009 270 638
	二氧化碳排放（0.136 5）	单位地区生产总值二氧化碳排放量	1	0.014 168 7
	环境治理（0.238 5）	环境污染治理投资占地区生产总值比重	0.358 1	0.008 865 231
		工业"三废"处理达标率	0.358 1	0.008 865 231
		环境质量指数	0.16	0.003 961 008
		城市生活垃圾无害化处理率	0.063 7	0.001 576 976
		城镇生活污水处理率	0.060 1	0.001 487 854
科技创新类指标（0.103 8）	R&D 投入（0.75）	万人 R&D 人员全时当量	0.5	0.038 925
		R&D 经费支出占地区生产总值比重	0.5	0.038 925
	R&D 产出（0.25）	万人专利授权数	0.541	0.014 038 95
		高技术产业新产品销售收入	0.255 8	0.006 638 01
		高技术产品出口占总出口比例	0.104 4	0.002 709 18
		技术市场成交额	0.098 8	0.002 563 86
公众评价类指标（0.045 3）	公众评价（1）	公众对综合发展成果的满意度	1	0.045 3

注：由于修约，本表权重加总可能不为 1

中国自贸区基础统计指标体系中一级指标的权重如下：经济发展类指标为 0.5011；社会发展类指标为 0.2461；生态建设类指标为 0.1038；科技创新类指标为 0.1038；公共评价类指标为 0.0453。

另外，与权重向量所对应的最大特征值 λ_{max} =5.1264，对其进行一致性检验，得到 CR=0.0282<0.1，所以通过一致性检验。

二级指标方面，经济发展类指标的 6 个二级指标，相对于发展质量指标，行业发展指标是稍微重要的，财政及税收指标和结构优化指标是重要的，对外经济贸易指标和经济增长指标是非常重要的；社会发展类指标里 5 个二级指标中，相对于区域协调，社会保障是稍微重要的，公共服务支出、文化教育、卫生健康是重要的，收入分配是非常重要的。同样的，根据专家评价，可以得到三级指标的相对重要性排序（具体过程略）。

从表 7-5 可以看出，三级指标中，经济发展类指标的对外经济贸易的进出口总额排在首位，人均地区生产总值排第二位，社会发展类指标的城乡居民收入占地区生产总值比重及基尼系数排第三、四位。这与自贸区重点推动对外贸易和注重居民生活质量的现实情况相吻合。

同理，可由 AHP 法计算得出中国自贸区专项统计指标体系的各指标权重，如表 7-6 所示。

在本书所确定的五个一级指标中，我们认为：①相对于区内产业升级而言，区域辐射效率是稍微重要的，营商环境是比较重要的，政府效率是强烈重要的，行业准入是极为重要的；②相对于区域辐射效率而言，营商环境是稍微重要的，政府效率是比较重要的，行业准入是强烈重要的；③相对于营商环境而言，政府效率是稍微重要的，行业准入是极比较重要的；④相对于政府效率而言，行业准入是稍微重要的。

基于同样方法对上述二级指标和三级指标之间的重要性进行描述。

表 7-6　自贸区专项统计指标权重表

一级指标名称及权重	二级指标名称及权重	三级指标名称	三级指标权重	AHP 权重
行业准入（0.427）	服务业投资领域行业准入（0.667）	金融服务业行业准入	0.309 1	0.088 034 462
		生产性服务业行业准入	0.229 7	0.065 420 627
		现代物流技术行业准入	0.121 6	0.034 632 774
		现代商业服务业行业准入	0.087 9	0.025 034 711
		文化服务业行业准入	0.087 9	0.025 034 711
		社会服务业行业准入	0.054 6	0.015 550 571
		会览服务业行业准入	0.054 6	0.015 550 571
		其他服务业行业准入	0.054 6	0.015 550 571
	制造业投资领域行业准入（0.333）	装备制造业行业准入	0.376 1	0.053 478 035
		电子信息和软件行业准入	0.397 7	0.056 549 361
		医药科技制造行业准入	0.153 6	0.021 840 538
		其他先进制造业行业准入	0.072 6	0.010 323 067
区域辐射效率（0.100 0）	口岸服务辐射效率（0.55）	无水港运营效率	0.229 4	0.012 617
		国际大型会展中心数	0.219	0.012 045
		航港运输设施质量	0.218 9	0.012 039 5
		多式联运指数	0.110 9	0.006 099 5
		仓内存储效率	0.110 9	0.006 099 5
		转运连接性指数	0.110 9	0.006 099 5
	区域产业关联程度（0.45）	区域产业集群发展指数	1	0.045
营商环境（0.190 2）	企业营商环境（0.327 1）	开办企业成本	0.279 7	0.017 401 373
		获得信贷便利度	0.626 7	0.038 989 777
		企业信息披露要求复杂度	0.093 6	0.005 823 27
	跨境贸易便利程度（0.309 6）	进出口所需文件	0.333 3	0.019 626 677
		进出口所需时间	0.333 3	0.019 626 677
		进出口成本	0.333 3	0.019 626 677

续表

一级指标名称及权重	二级指标名称及权重	三级指标名称	三级指标权重	AHP 权重
营商环境（0.190 2）	外商投资便利程度（0.160 6）	外商新设企业成本	0.6	0.018 327 672
		实缴资本下限	0.4	0.012 218 448
	融资便利程度（0.105 4）	信用信息指数	0.373 4	0.007 485 58
		金融机构效率	0.264	0.005 292 429
		破产保护	0.181 3	0.003 634 536
		融资途径	0.181 3	0.003 634 536
	契约执行效率（0.100 0）	司法体系效率	0.5	0.009 51
		仲裁效率	0.5	0.009 51
政策环境（0.259 8）	政府效率（0.4）	行政审批效率	0.281 5	0.029 084 58
		税款缴纳便利性	0.281 5	0.029 084 58
		政策透明度	0.281 5	0.029 084 58
		外汇进出限制程度	0.105 5	0.010 900 26
		知识产权保护水平	0.05	0.005 166
	政策优惠（0.4）	税收优惠政策	0.281 5	0.029 084 58
		土地使用政策	0.281 5	0.029 084 58
		信贷优惠政策	0.281 5	0.029 084 58
		开放内销市场优惠政策	0.105 5	0.010 900 26
		"沿海捎带"业务	0.05	0.005 166
	政府监管（0.2）	海关对区内企业监察	0.281 5	0.021 940 11
		海关货物备案控制	0.281 5	0.021 940 11
		海关监管电子化水平	0.231 5	0.018 043 11
		信用监管体系	0.105 5	0.008 222 67
		金融风险防控体系	0.05	0.003 897
		应急联动机制	0.05	0.003 897
产业升级（0.034 7）	去产能化（0.4）	淘汰落后产能	0.520 5	0.021 798 54
		工业品出厂价格	0.201	0.008 417 88
		工业企业盈利	0.201	0.008 417 88
		高技术产业新产品销售收入	0.077 6	0.003 249 888
	创新环境（0.3）	人才虹吸效率	0.281 5	0.008 841 915
		区内企业技术吸收能力	0.281 5	0.008 841 915
		区内企业用于研发平均支出	0.281 5	0.008 841 915
		大学、企业合作研发效率	0.105 5	0.003 313 755
		信息基础设施水平	0.050 1	0.001 573 641
	创新效率（0.3）	先进制造业发展水平	0.362 1	0.011 373 561
		制造业产业结构优化	0.362 1	0.011 373 561
		生产性服务业发展水平	0.164	0.005 151 24
		风险投资效率	0.075	0.002 355 75
		科研机构效率	0.036 8	0.001 155 888

注：由于修约，本表权重加总可能不为 1

　　根据专家评估的各个相关的二级指标和三级指标的重要性的描述，我们利用软件 yaahp 计算得出各层指标的权重。如同计算一级指标的权重一样，分别计算出二级指标权重、三级指标权重及三级指标相对于一级指标的 AHP 权重。

　　从计算得出的三级指标权重高低来看，与行业准入有关的金融服务业行业准则、装备制造业行业准入及电子信息和软件行业准入排在前三位，与政府效率有关的行政审批效率，税收、土地、信贷的相关政策，海关相关监管指标等也排在前位，这与自贸区重点推动服务业开放、高新科技装备制造业发展、投资管理体制改革加快政府职能转变、完善法制领域的制度保障、培育国际化和法治化的营商环境、区域辐射带动功能突出等的总体目标相吻合。这说明本书构建的评价指标体系基本上满足科学合理、结构完整和可操作性强的要求。

第八章 自贸区统计指标体系
细致探索

第一节 基于AHP-熵值法的自贸区统计指标
体系评价

本节的研究样本为上海外高桥片区、广东南沙片区、天津港片区和福建厦门片区，研究区间为 2015~2018 年。选择该样本原因主要有以下几点：①自贸区数据公开不全，无法全面了解自贸区成立以来的发展过程，因此选择整个片区的经济数据；②研究期间某些数据缺失导致在运算过程中无法使用第六章所述公式计算该指标，因此选择该地区相近指标代替，如用人口总量代替该地区就业人口数量；③自贸区专项统计指标体系中的指标过于具体，现无法实地调研获取自贸区市场准入和政府监管类数据，因此只能初步分析自贸区基础发展运行情况。

本节首先将AHP法和熵值法相结合。在主观权重和客观权重相结合的指导下，引入熵值 e_i，则综合权重公式为

$$Q_i = e_i \times \text{AHP权重} + (1 - e_i) \times \text{熵值权重} \tag{8-1}$$

计算各方案的综合得分为

$$Y_j = \sum_{i=1}^{n} Q_i \times P_{ij} \ (j = 1, 2, \cdots, m) \tag{8-2}$$

基于改进的AHP-熵值法获得权重，再进行原熵值法步骤，可以得到更加客观、科学的排列顺序。

选取上海外高桥片区、广东省南沙片区、天津港片区和福建厦门片区 2015~2018 年的经济、环境和科技相关的数据，运用 R 语言，采用主客观权重相结合的方法评估建立自贸区基础指标体系。

采用 AHP-熵值法得到的权重如表 8-1 所示。

表 8-1　广东自贸区综合权重值

一级指标	二级指标	三级指标	三级指标权重	AHP 权重	熵值法权重	AHP-熵值法权重
经济发展类指标（0.624 1）	经济增长指标（0.361 7）	人均地区生产总值	0.426	0.093 505 2	0.091 522 02	0.093 451 33
		地区生产总值指数	0.287	0.064 967 1	0.074 031 04	0.065 166 52
		商品销售总额	0.234	0.052 822 4	0.071 118 06	0.053 209 15
		社会消费品零售总额	0.053	0.011 806 0	0.073 822 1	0.013 166 66
	对外经济贸易（0.268 3）	进出口总额	0.637	0.106 663 1	0.082 639 32	0.106 073 08
		利用外资总额	0.363	0.060 782 9	0.120 752 78	0.062 935 08
	财政及税收指标（0.143 9）	税收总额	0.695	0.062 461 4	0.082 037 83	0.062 938 76
		一般公共预算	0.305	0.027 391 4	0.081 078 96	0.028 685 12
	结构优化指标（0.134 5）	服务业增加值占地区生产总值比重	0.5	0.041 970 7	0.071 771 99	0.042 606 40
		固定资产投资完成额	0.5	0.041 970 7	0.068 150 66	0.042 500 98
	发展质量（0.097 6）	财政收入占地区生产总值比重	0.75	0.045 684 1	0.094 006 26	0.047 034 17
		全社会劳动生产率	0.25	0.015 228 0	0.089 068 93	0.017 182 7
生态建设类指标（0.226 9）	资源消耗（0.625）	单位地区生产总值能耗	0.428	0.027 805 4	0.049 87	0.038 837 7
		单位地区生产总值水耗	0.428	0.027 805 4	0.048 76	0.038 282 7
		单位地区生产总值建设用地	0.144	0.009 270 6	0.046 79	0.028 030 3
	环境治理（0.375）	单位地区生产总值二氧化碳排放量	0.136	0.014 168 7	0.043 53	0.028 849 4
		环境污染治理投资占地区生产总值比重	0.358	0.008 865 2	0.047 21	0.028 037 6
		工业"三废"处理达标率	0.358	0.008 865 2	0.037 29	0.023 077 6
		环境质量指数	0.16	0.003 961 0	0.036 89	0.020 425 5
		城市生活垃圾无害化处理率	0.063	0.001 576 9	0.034 53	0.018 053 5
		城镇生活污水处理率	0.060	0.001 487 8	0.029 81	0.015 648 9
科技创新类指标（0.149 1）	R&D 投入（0.75）	万人 R&D 人员全时当量	0.5	0.038 925	0.020 805	0.029 865
		R&D 经费支出占地区生产总值比重	0.5	0.038 925	0.287 345	0.163 135

续表

一级指标	二级指标	三级指标	三级指标权重	AHP 权重	熵值法权重	AHP-熵值法权重
科技创新类指标（0.149 1）	R&D 产出（0.25）	万人专利授权数	0.541	0.014 038 9	0.015 139	0.014 588 97
		高技术产业新产品销售收入	0.255	0.006 638 0	0.014 054	0.010 346 00
		高技术产品出口占总出口比例	0.104	0.002 709 1	0.007 065	0.004 887 09
		技术市场成交额	0.098	0.002 563 8	0.004 678	0.003 620 93

注：由于修约，本表权重加总可能不为 1

运用改进的 AHP-熵值法得到的权重，主客观权重互相矫正，更能体现评价的科学性、合理性。从表 8-1 中可以看出，AHP 法仍存在较强的主观性，运用改进的熵值法能更好地反映自贸区经济运行情况。从 AHP-熵值法权重得知，经济发展类指标中，人均地区生产总值和进出口总额仍是最重要的影响因素，地区生产总值指数、利用外资总额、税收总额是次重要影响因素，这与自贸区重视对外贸易、注重经济增长与税收相符合。生态建设类指标中，单位地区生产总值二氧化碳排放量与环境污染治理投资占地区生产总值比重较为平均，这与仅仅用 AHP 法得到的权重相差甚多，说明熵值法能有效平衡主观评价法的主观意识性，使得结果更加贴合现实。科技创新类指标中，R&D 经费支出占地区生产总值比重的权重最高，其次是万人 R&D 人员全时当量。这与发展地区科技创新需政府在资金和人才方面投入大量精力，共建创业孵化园相符合。说明该指标体系的建立是较为贴切实际的。2015~2018 年的得分如表8-2 所示。

表 8-2　四大自贸区 2015~2018 年综合指标得分

自贸区	2015 年	2016 年	2017 年	2018 年
上海外高桥片区	0.832 1	0.845 9	0.892 9	0.912 4
天津港片区	0.521 1	0.537 9	0.593 6	0.636 4
广东南沙片区	0.317	0.346	0.372	0.401
福建厦门片区	0.287 9	0.294 2	0.234 9	0.296 5

从得分可知，广东南沙片区近四年来基础发展状态逐渐上涨，自贸区带来的经济增长效应持续上扬，政策带动生态建设也促进了环境的改善。同时，自贸区对高新技术产业的大力支持使得自贸区区内人才流入比例上涨，创业孵化园与高新技术开发孵化园区的建立也促进了当地科技的蓬勃发展。这说明本书构建的评价指标体系基本上满足科学合理、结构完整和可操作性强的要求。同理，可得上海外高桥片区 2015~2018 年得分为 0.8321、0.8459、0.8929、0.9124，天津港片区 2015~2018 年得分为 0.5211、0.5379、0.5936、0.6364，福建厦门片区 2015~2018

年得分为 0.2879、0.2942、0.2349、0.2965。四大片区 4 年来整体得分上涨，自贸区经济红利、生态环境改良、科技创新持续发展力不断增强。但由于改进的 AHP-熵值法得出的得分仅能有效比较一个地区年度基础情况变化，横向比较同一年四个自贸区发展状况的效果不佳，因此在本章第二节又做了基于改进的 TOPSIS 法的自贸区经济指标评价分析。

第二节　基于改进的 TOPSIS 法的自贸区基础指标体系评价

本节相关原始数据根据相关地区统计局发布的 2015~2018 年《国民经济和社会发展统计公报》、2015~2018 年《中国环境统计年鉴》、地方环境保护局发布的环境状况公告，如 2017 年《广东省水资源公报》等和《中国城市创新力发展报告》收集得到。相关指标数据再通过指标含义所述的公式进行运算得出。

一、基于改进的 TOPSIS 法的自贸区经济指标评价

由 2018 年四大自贸区地方经济数据得到其对应的经济指标评估矩阵，标准化处理后得

$$
P_{ij} = \begin{bmatrix}
0.318 & 0.311 & 0.211 & 0.159 \\
0.157 & 0.241 & 0.314 & 0.288 \\
0.332 & 0.267 & 0.234 & 0.166 \\
0.288 & 0.310 & 0.247 & 0.155 \\
0.328 & 0.293 & 0.215 & 0.164 \\
0.393 & 0.214 & 0.197 & 0.196 \\
0.342 & 0.277 & 0.211 & 0.171 \\
0.358 & 0.223 & 0.179 & 0.240 \\
0.320 & 0.281 & 0.240 & 0.160 \\
0.262 & 0.262 & 0.318 & 0.159 \\
0.356 & 0.271 & 0.195 & 0.178 \\
0.345 & 0.282 & 0.201 & 0.172
\end{bmatrix}^{T}
$$

根据改进的 AHP-熵值法得到的 2018 年自贸区经济指标综合权重为

W=[0.093   0.069   0.062   0.043   0.095   0.091   0.072   0.054   0.057   0.055   0.070   0.052]

计算得到的欧氏距离为

$$\overline{D}=[0.1834\quad 0.0824\quad 0.0370\quad 0.0128]$$
$$\underline{D}=[0.0488\quad 0.0947\quad 0.1739\quad 0.2633]$$

则得到四大自贸区 2018 年经济运行得分为

$$W=[0.7897\quad 0.4652\quad 0.1756\quad 0.0463]$$

同理可得，2015~2018 年四大自贸区经济指标体系评价结果如表 8-3 所示。

表 8-3　四大自贸区 2015~2018 年经济指标得分

自贸区	2015 年	2016 年	2017 年	2018 年
上海外高桥片区	0.598 5	0.536 2	0.714 3	0.789 7
天津港片区	0.432 7	0.452 4	0.417 3	0.465 2
广东南沙片区	0.154 9	0.161 8	0.145 3	0.175 6
福建厦门片区	0.043 7	0.052 3	0.045 6	0.046 3

从纵向对比可以看出，上海自贸区评价得分最高，天津自贸区次之，广东自贸区和福建自贸区排名三、四位，这是由于上海自贸区已成功设立 3 年，经济发展能力强劲；天津自贸区依托天津港自身良好的基础条件，贸易投资便利化制度红利凸显，带动周边区域产业发展与经济增长；广东自贸区数据得分不高，则是由于广东大部分地区经济开放力度均值高，南沙片区带动经济发展程度还不明显；而福建自贸区经济基础较其他三个强度较低，制度改革发展仍需大力推进。

从图 8-1 可以看出四大自贸区的横向比较，自贸区整体呈现先上升再下降再快速上升的经济发展趋势。

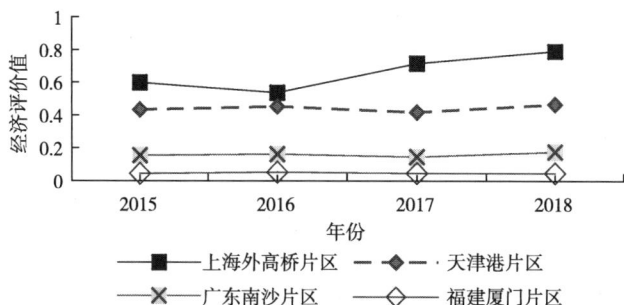

图 8-1　2015~2018 年四大自贸区经济发展趋势图

上海外高桥片区是由上海外高桥保税区演变成的，是上海自贸区的一部分，基础经济实力强，而 2015 年已是上海自贸区建立的第 3 年，制度创新红利已经凸显在当地经济效益上，经济发展状况无疑是四大地区中最好的，这一结论从每一列的数值对比情况即可得知，而 2016 年评分结果下降则是其他三大自贸区的揭牌成立与运行导致制度红利减少，虽然经济发展状况略有下降，但仍是四大自贸区中发展最好的地区。2017 年，评价得分大幅上涨，这是上海自贸区经济开放力度的增加、投资贸易便利化取得了较好的成果的表现。而 2018 年评价得分虽然上涨，但涨幅下降，则是由于第三批自贸区揭牌正式运营，自贸区数量的增多且包括内陆自贸区的建立使得上海自贸区（沿海型自贸区）经济带动能力略显疲态，但上涨的趋势则表明上海自贸区已建立了良好的发展制度与更为完善的金融体制，对经济影响更为全面。

天津自贸区、广东自贸区、福建自贸区在 2015~2016 年，经济指标得分升高，是因为自贸区建立后获得了当地认可，经济发展态势得以增强。2017 年指标得分有所回落，是三大自贸区在复制上海自贸区创新制度和完善自身制度使其更符合当地发展定位所致的制度红利滞后、措施落实缓慢导致的。2018 年，评分结果又有所回升，则是第二批自贸区已创建好较为完善、切合战略任务的自贸区发展制度，且复制上海自贸区的经验的经济效应的滞后效果显现，使得自贸区带动当地经济发展力度有所提升。

二、基于改进的 TOPSIS 法的自贸区生态指标评价

同理，对四大自贸区的生态建设类指标和科技创新类指标做相应分析。

由于本书研究的四大自贸区生态环境数据难以找到，类比于经济发展，运用省级数据，根据当地地区生产总值与省级地区生产总值的占比，获得四大自贸区 2017 年生态建设指标体系得分排名结果，见表 8-4。

表 8-4 四大自贸区 2017 年生态建设指标得分

指标	上海外高桥片区	天津港片区	广东南沙片区	福建厦门片区
资源消耗	0.2841	0.7414	0.5827	0.3173
环境保护	0.3181	0.6100	0.5609	0.4184

从表 8-4 可以粗略看出，上海自贸区在生态建设领域明显失去了领先地位，处于四大自贸区垫底的位置，而天津自贸区得分第一，广东自贸区、福建自贸区次之。由原始数据得知，天津市的单位地区生产总值能耗、水耗均为较低水平（相较于全国），2017 年二者仅分别为 0.421 吨/万元和 23.74 米^3/万元，且其城市污水集中处理量达到 90.02%，远高于其他城市，这与天津自贸区大力降低二氧化碳排放量，积极发展可再生资源，培育未来经济支撑，与北京划齐等级有着极大的

相关关系。广东自贸区、福建自贸区在自然资源和基础环境方面明显高于天津自贸区，但是在资源节约和环境保护方面力度不足，例如，广东自贸区2017年单位地区生产总值能耗、水耗为0.56吨/万元和48.2米³/万元。这说明广东自贸区、福建自贸区在原有良好的环境基础上施行治理力度不足、政策实施不到位。上海自贸区在生态建设指标下设的子指标得分均低于其他三个自贸区，这是由于上海本身的自然资源不足，后期设置的资源节约制度建立不完善，且环境保护力度中等。

三、基于改进的 TOPSIS 法的自贸区科技指标评价

通过改进的 TOPSIS 法得到 2015~2018 年四大自贸区科技指标体系评价结果如表 8-5 和图 8-2 所示。

表 8-5　四大自贸区 2015~2018 年科技指标得分

自贸区	2015 年	2016 年	2017 年	2018 年
上海外高桥片区	0.5435	0.6643	0.7001	0.7270
天津港片区	0.4327	0.5883	0.6082	0.6825
广东南沙片区	0.4489	0.5380	0.5959	0.6487
福建厦门片区	0.4184	0.5212	0.5836	0.6547

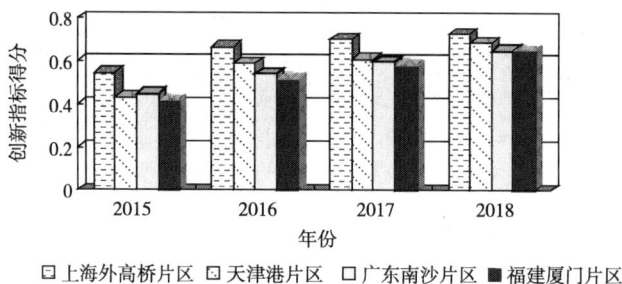

图 8-2　2015~2018 年四大自贸区科技创新发展柱状图

从表 8-5 和图 8-1 对比可以看出，上海自贸区评价得分最高，天津自贸区得分开始较低，后几年迅速增长，而广东自贸区和福建自贸区得分排名先后不明显。从横向对比可以看出，上海自贸区到 2015 年已成立 2 年，政府资金投入与人才引进政策红利已经显现出来。而天津自贸区在成立之初科技创新能力与相关基础建设均弱于广东自贸区，但自自贸区成立以来，天津依托京津冀一体化、政府投入建设天津港创业孵化园、北京人才就近流入等一系列有利条件带动当地科技创新蓬勃发展。广东南沙片区虽地处珠三角，但因广东科技创新带动地区主要集中在深圳等地，南沙片区科技经济发展程度还不如天津明显，但是当地政府在 2016

年伊始，便成立了科技企业创新孵化器和科技金融创新发展基地，政府投入红利开始见效。福建自贸区科技基础较其他三个自贸区强度较低，但从后期发展可以看出自贸区的创新驱动投入与发展呈明显上升趋势。

第三节　基于 Hsiao 法的自贸区对外贸易指标评价

本节将目光锁定于自贸区的对外贸易发展状况研究，结合"反事实"政策评估方法，以福建自贸区为研究样本，进行了对外贸易政策评价研究。

在中美贸易战对我国自贸区对外贸易产生强劲冲击的背景之下，将目光集中于对外贸易政策的政策效应分析，希望能够通过本节的研究，为我国自贸区对外贸易政策制定提供新的发展思路，促进"反事实"政策评价方法在时政评价中的广泛应用，探索福建自贸区对外贸易发展现状，寻找制约自贸区对外贸易发展的瓶颈，并就解决办法进行初步探讨。

（一）样本和数据选择

1. 利用省份数据进行政策评估

我国自贸区的实施范围较为分散，以四大自贸区为例，上海自贸区 120.72 平方千米的实施范围中涵盖了上海外高桥保税区、上海外高桥保税物流园区、洋山保税港区、上海浦东机场综合保税区 4 个海关特殊监管区域，以及陆家嘴金融贸易区、金桥出口加工区、张江高科技园区三个片区；广东自贸区涵盖了广州南沙新区、深圳前海蛇口、珠海横琴新区三个片区；天津自贸区涵盖天津港、天津机场、滨海新区中心商务三个片区；福建自贸区涵盖平潭、厦门、福州三个片区。由于自贸片区相对分散，其影响范围在全省（市）中分散开来，因此选择省份数据对自贸区政策效应进行评估，能够有效将政策实施覆盖区域与未覆盖区域区分开来。

2. 排除所有可能受到政策效应干扰的省（市）样本

截至 2018 年，自贸区政策已经分别在 12 个省市落地，2013 年第一个试点自贸区在上海成立，2015 年 4 月第二批自贸区分别在天津、福建、广东挂牌成立，第三批自贸区也于 2017 年 3 月相继在辽宁、陕西、重庆、成都、浙江、湖北和河南七地开始建设，再到 2018 年，海南自贸区确定成立。但在本节研究时海南并未确定成立，因此，本书在选择控制组时将这 11 个省市排除在外，选择了我国除港澳台以外的 20 个省区市作为控制组，包括安徽、北京、甘肃、广西、贵州、海南、河北、黑龙江、湖南、内蒙古、江苏、江西、吉林、宁夏、青海、山东、山西、新疆、西藏和云南。

3. 数据选择

本节选取了安徽、北京、甘肃、广西、贵州、海南、河北、黑龙江、湖南、内蒙古、江苏、江西、吉林、宁夏、青海、山东、山西、新疆、西藏和云南20个省区市的11个经济指标,其中对外贸易指标包括(境内目的地/货源地)进出口总额、进口总额、出口总额、中外合资企业进出口总额、中外合作企业进出口总额、外资投资企业进出口总额和外商投资企业进出口总额。

其中,对外贸易指标选取了2000年1月至2018年5月共221个月的月度数据,以期提高政策评估的准确度和精度。根据国务院于2014年12月12日决定设立福建自贸区这一时点,将2000年1月至2014年12月设定为无政策干预期,2015年1月至2018年5月为政策干预期,本节所有数据均来源于《中国经济数据库》。

为消除原始数据的季节影响和异方差等影响因素,本节采用了X-12季节调整方法和对数处理方法对原始数据进行了初步处理,以精准反映经济发展趋势,减少干扰因素,提高数据对比的可信度。

为避免多重共线性,采用逐步回归法筛选解释变量,对比拟合优度、似然比,选取最优控制组中所包含的省市个数K,再根据AIC和修正的AIC确定最优控制组,本书选取$p<10\%$的显著性水平,筛选变量条件满足$t \geqslant 1.645$。根据拟合结果确定最优的拟合方程,并对政策干预期进行预测,给出政策干预期间未受政策干预的"反事实"值。福建自贸区各个指标的真实值与"反事实"值之间的差值,即为福建自贸区对外贸易政策效应。

(二)实证分析

对外贸易是指进出口贸易,是国家或地区之间的商品、劳务和技术的交换活动。建设自贸区是党中央、国务院在新形势下全面深化改革和扩大开放的战略举措。福建自贸区地理位置优越,不仅与台湾一水之隔,更是海上丝绸之路的起点,自古以来就是与外邦交易货物、服务、资金和人员的重要贸易之地,因此对福建自贸区的对外贸易指标进行"反事实"政策效应评估,可以更清晰地了解自贸区政策在对外贸易方面的实际作用。

(1)(境内目的地/货源地)进出口总额。进出口总额是衡量地区对外贸易进出口总额的统计指标,北京、甘肃、广西、贵州等13个省区市与福建省拟合效果最佳,拟合优度达到了99.85%(表8-6)。

表 8-6　福建省进出口总额拟合结果

控制组样本	系数	t统计量	控制组样本	系数	t统计量
常数项 C	6.883 732***	20.759 01	内蒙古 X_7	−0.068 854**	−2.107 189
北京 X_1	−0.453 544***	−10.141 02	江苏 X_8	0.275 214***	9.537 635
甘肃 X_2	−0.079 293***	−4.157 815	吉林 X_9	0.102 811***	4.555 62
广西 X_3	0.075 723**	2.140 761	山东 X_{10}	0.581 842***	9.975 618
贵州 X_4	−0.099 945***	−4.468 484	山西 X_{11}	0.047 648**	2.300 443
河北 X_5	0.161 446***	3.376 663	西藏 X_{12}	0.064 068***	5.184 08
湖南 X_6	−0.130 313***	−2.636 938	云南 X_{13}	0.091 776***	5.328 993

Adj-R^2=0.998 5　　AIC=−4.441 131　　Fixed Effects（Cross）=−6.47×10⁻¹⁵

表示在5%的显著性水平上显著；*表示在1%的显著性水平上显著

将拟合结果带入回归方程，即可得到拟合方程（8-3），可知，进出口总额真实值和"反事实"值发展趋势相同，除 2008~2009 年因世界经济危机的影响，进出口总额有大幅度下降外，均保持着稳定的上升趋势，自贸区设立之初政策效应便开始展现，但从 2017 年开始，真实值与"反事实"值之间存在半年的滞后期，2017 年下半年的真实值曲线与 2018 年上半年的曲线相同，若不考虑滞后期的影响，进出口总额的真实值显著高于"反事实"值，可见自贸区对外贸易政策要想展现真正的成效，仍需要时间的检验。

$$\hat{y}_t^0 = C - 0.453\,544X_1 - 0.079\,293X_2 + 0.075\,723X_3 - 0.099\,945X_4$$
$$+ 0.161\,446X_5 - 0.130\,313X_6 - 0.068\,854X_7 + 0.275\,214X_8$$
$$+ 0.102\,811X_9 + 0.581\,842X_{10} + 0.047\,648X_{11} + 0.064\,068X_{12} \quad (8\text{-}3)$$
$$+ 0.091\,776X_{13} - 6.47 \times 10^{-15}$$

从政策效应的相对值可以看出，进出口总额政策效应的平均值为 0.32%（表 8-7），结合政策效应发展趋势可知，进出口总额的政策效应才刚刚开始展现。

表 8-7　2015~2018 年福建自贸区进出口总额政策效应表

时间	真实值	"反事实"值	政策效应绝对值	政策效应相对值
2015 年	17.9935	17.8962	0.0973	0.54%
2016 年	17.8716	17.8384	0.0332	0.19%
2017 年	17.9846	18.0084	−0.0238	−0.13%
2018 年	18.1473	18.0197	0.1276	0.70%
平均值	——	——	0.0586	0.32%

（2）进口总额和出口总额。如果进出口总额指标能够纵观对外贸易发展水平，

那么进口总额和出口总额两个统计指标则可以得到对外贸易发展的侧重点。查漏补缺，才能全面地稳步扩大对外开放水平。

根据表 8-8 可知，20 个省区市与福建省进口总额、出口总额的拟合结果得到了两组最优控制组，其拟合优度均达到了 97%，拟合效果较好。

表 8-8　福建省进口总额和出口总额拟合结果

进口总额			出口总额		
控制组样本	系数	t 统计量	控制组样本	系数	t 统计量
常数项 C	1.731 229***	3.229 067	常数项 C	6.432 652***	7.783 525
北京 X_1	0.402 984***	3.904 87	北京 X_1	−0.281 218***	−3.433 395
甘肃 X_2	−0.054 316**	−2.390 298	甘肃 X_2	−0.026 737**	−2.613 188
贵州 X_3	−0.077 889***	−2.793 174	内蒙古 X_3	−0.069 049**	−2.156 864
黑龙江 X_4	0.122 019***	3.894 949	江苏 X_4	0.254 154**	2.006 889
湖南 X_5	0.115 375**	2.371 724	江西 X_5	0.207 36***	6.719 748
江西 X_6	−0.133 82***	−3.618 101	宁夏 X_6	0.083 749***	4.027 982
山东 X_7	0.289 15**	2.585 732	山东 X_7	0.330 222**	2.618 915
新疆 X_8	0.023 404*	1.946 416	西藏 X_8	0.031 431**	2.545 09
西藏 X_9	0.035 102***	3.927 744	云南 X_9	0.068 342***	3.017 992
云南 X_{10}	0.115 743***	3.443 777	—	—	—
Adj-R^2=0.970 4　AIC=−2.092			Adj-R^2=0.976 6　AIC=−2.593 8		
Fixed Effects（Cross）=−1.26 × 10^{−15}			Fixed Effects（Cross）=4.57 × 10^{−15}		

*表示在 10%的显著性水平上显著；**表示在 5%的显著性水平上显著；***表示在 1%的显著性水平上显著

根据该拟合结果建立方程，其中方程（8-4）是福建省进口总额拟合方程，方程（8-5）是福建省出口总额拟合方程，从而得到政策实施期间的"反事实"值。

$$\hat{y}_t^0 = C - 0.402\,984X_1 - 0.054\,316X_2 - 0.077\,889X_3 + 0.122\,019X_4$$
$$+ 0.115\,375X_5 - 0.133\,82X_6 + 0.289\,15X_7 + 0.023\,404X_8 \quad （8\text{-}4）$$
$$+ 0.035\,102X_9 + 0.115\,743X_{10} - 1.26 \times 10^{-15}$$

$$\hat{y}_t^0 = C - 0.281\,218X_1 - 0.026\,737X_2 - 0.069\,049X_3 + 0.254\,154X_4$$
$$+ 0.207\,36X_5 + 0.083\,749X_6 + 0.330\,222X_7 + 0.031\,431X_8 \quad （8\text{-}5）$$
$$+ 0.058\,342X_9 + 4.57 \times 10^{-15}$$

对比进口总额和出口总额两个统计指标的真实值和"反事实"值，进口总额和出口总额"反事实"和真实值均保持逐年上升的发展趋势，其变动幅度保持在 0.1~0.2 之间，在 2008 年全球经济危机的影响下，进口总额和出口总额均有一定幅度的跳水，不过在 2008 年至自贸区建立之前进口总额和出口总额持续上升。2013 年开始，世界贸易格局开始改变，主要经济体都试图主导世界贸易规则，导致对外贸易受阻，进口总额和出口总额均维持在一定水平上。但"反事实"曲线却存在明显的下滑趋势，尤其是进口总额的变动明显。由此可知，自贸区的建设在一定程度上缓解了世界经济格局变化所带来的对外贸易冲击。

从表 8-9 可知，进口总额政策效应较为明显，从 2015 年至 2018 年 5 月，平均政策效应达到了 1.40%，但出口总额的政策效应较小，出口总额受到世界经济格局变化的冲击较大，因此进一步刺激出口是下一步自贸区政策制定的主要方向之一。

表 8-9　福建自贸区进口总额和出口总额政策效应值

指标	2015 年至 2018 年 5 月政策效应平均值（绝对值）	2015 年至 2018 年 5 月政策效应平均值（相对值）
进口总额	0.2163	1.40%
出口总额	−0.0061	−0.04%

（3）其他对外贸易指标。从进出口总额、进口总额和出口总额三个角度分析，能够从整体上把握对外贸易的发展趋势，但还需从更加细致的角度分析，来发现更深层的问题，更加准确地对自贸区对外贸易政策进行评价。因此本节选取了中外合资企业进出口总额、中外合作企业进出口总额、外商投资企业进出口总额和外资独资企业进出口总额四个指标，来分析福建自贸区对外贸易政策效应，如表 8-10 所示。

表 8-10　福建自贸区其他对外贸易指标拟合结果

中外合资企业进出口总额			外商投资企业进出口总额		
控制组样本	系数	t 统计量	控制组样本	系数	t 统计量
常数项 C	−2.541 877***	−5.474 195	常数项 C	3.757 167***	11.979 97
安徽 X_1	0.116 871**	2.487 578	安徽 X_1	0.083 38***	3.002 978
北京 X_2	0.145 945***	3.240 295	北京 X_2	−0.087 849***	−2.661 105
广西 X_3	0.219 475***	8.438 79	甘肃 X_3	0.063 027***	5.378 486

中外合资企业进出口总额			外商投资企业进出口总额		
控制组样本	系数	t 统计量	控制组样本	系数	t 统计量
贵州 X_4	0.115 199***	6.259 866	广西 X_4	0.191 273***	9.557 129
河北 X_5	-0.260 771***	-5.402 967	海南 X_5	0.041 624***	4.111 283
湖南 X_6	0.168 828***	4.498 5	黑龙江 X_6	0.105 586***	4.187 353
内蒙古 X_7	0.071 3***	3.199 28	湖南 X_7	0.044 992*	1.824 742
江苏 X_8	1.189 716***	11.968 06	江苏 X_8	0.253 516***	12.895 97
江西 X_9	-0.215 676***	-7.032 6	江西 X_9	-0.098 414***	-5.622 804
宁夏 X_{10}	-0.069 465***	-3.779 397	宁夏 X_{10}	-0.075 687***	-4.578 861
山东 X_{11}	-0.297 491***	-4.417 348	山东 X_{11}	0.162 761***	2.965 738
山西 X_{12}	-0.066 715***	-4.313 126	山西 X_{12}	0.069 732***	5.896 471
—	—	—	云南 X_{13}	0.101 231***	4.096 324
Adj-R^2=0.993 1　AIC=-2.960 2 Fixed Effects（Cross）=5.89 × 10^{-15}			Adj-R^2=0.998 1　AIC=-4.349 6 Fixed Effects（Cross）=4.59 × 10^{-15}		

外资独资企业进出口总额			中外合作企业进出口总额		
控制组样本	系数	t 统计量	控制组样本	系数	t 统计量
常数项 C	3.434 373***	7.422 445	常数项 C	3.542 856***	10.734 15
安徽 X_1	0.188 306***	6.887 383	安徽 X_1	0.101 119***	5.405 442
北京 X_2	-0.158 271***	-5.738 07	北京 X_2	0.074 744***	4.287 825
广西 X_3	0.037 766*	1.697 509	贵州 X_3	0.044 333***	2.952 611
湖南 X_4	0.073 3***	3.636 211	海南 X_4	0.165 71***	7.590 404
江苏 X_5	0.156 754***	5.986 787	河北 X_5	0.105 215***	6.016 795
江西 X_6	-0.095 074***	-7.284 421	黑龙江 X_6	0.022 892***	6.236 773
山东 X_7	0.540 163***	12.673 78	江苏 X_7	0.197 282***	7.303 55
山西 X_8	0.030 254***	5.290 398	山西 X_8	-0.042 591***	-4.240 019
云南 X_9	0.063 936***	6.108 582	云南 X_9	0.046 976***	2.749 496
Adj-R^2=0.997 1　AIC=-4.088 9 Fixed Effects（Cross）=1.21 × 10^{-14}			Adj-R^2=0.953 0　AIC=-1.822 8 Fixed Effects（Cross）=-3.14 × 10^{-16}		

*表示在10%的显著性水平上显著；**表示在5%的显著性水平上显著；***表示在1%的显著性水平上显著

　　根据拟合结果可以分别得到四组最优控制组，将其代入方程可得到拟合方程中外合资企业进出口总额（8-6）、外商投资企业进出口总额（8-7）、外资独资企业进出口总额（8-8）和中外合作企业进出口总额（8-9）。

$$\hat{y}_t^0 = C + 0.116\,871X_1 + 0.145\,945X_2 + 0.219\,475X_3 + 0.115\,199X_4$$
$$- 0.260\,771X_5 + 0.168\,828X_6 + 0.071\,3X_7 + 1.189\,716X_8 \qquad (8\text{-}6)$$
$$- 0.215\,676X_9 - 0.069\,465X_{10} - 0.297\,491X_{11} - 0.066\,715X_{12}$$
$$+ 5.89 \times 10^{-15}$$

$$\hat{y}_t^0 = C + 0.083\,38X_1 - 0.087\,849X_2 + 0.063\,027X_3 + 0.191\,273X_4$$
$$+ 0.041\,624X_5 + 0.105\,586X_6 + 0.044\,992X_7 + 0.253\,516X_8 \qquad (8\text{-}7)$$
$$- 0.098\,414X_9 - 0.075\,687X_{10} + 0.162\,761X_{11} + 0.069\,732X_{12}$$
$$+ 0.101\,231X_{13} + 4.59 \times 10^{-15}$$

$$\hat{y}_t^0 = C + 0.188\,306X_1 - 0.158\,271X_2 + 0.037\,766X_3 + 0.073\,3X_4$$
$$+ 0.156\,754X_5 - 0.095\,074X_6 + 0.540\,163X_7 + 0.030\,254X_8 \qquad (8\text{-}8)$$
$$+ 0.063\,936X_9 + 1.21 \times 10^{-14}$$

$$\hat{y}_t^0 = C + 0.101\,119X_1 + 0.074\,744X_2 + 0.044\,333X_3 + 0.165\,71X_4$$
$$+ 0.105\,215X_5 + 0.022\,892X_6 + 0.197\,282X_7 - 0.042\,591X_8 \qquad (8\text{-}9)$$
$$+ 0.046\,976X_9 - 3.14 \times 10^{-16}$$

运用以上各式绘制出真实值与"反事实"值对比图可直观看出对外贸易政策实施效果。分别将这四个对外贸易指标的真实值与 20 个省区市的数据进行"反事实"拟合，可得到拟合结果，其中中外合资企业进出口总额拟合优度为 99.31%、外商投资企业进出口总额拟合优度为 99.81%、外资独资企业进出口总额拟合优度为 99.71%、中外合作企业进出口总额拟合优度为 95.30%，拟合效果较好。

从政策实施前期的真实值曲线与"反事实"曲线的发展趋势可知，2008 年 7 月至 2009 年 2 月，由于受到经济危机的影响，四种对外贸易指标均出现了不同程度的下降，随后进入稳步上升阶段，但在进入 2011 年后，增速逐渐放缓，可见中外合资、中外合作、外商投资和外资独资企业对外贸易发展状况进入到上升瓶颈期。

2013 年开始，以美国为首的世界主要经济体欲改变长期的贸易逆差，重塑对外贸易新规则，导致我国对外贸易发展受挫，自贸区政策未能有效控制住这一现象所带来的经济冲击，真实值与"反事实"值曲线在自贸区成立之初，即 2015 年至 2016 年均持续下降，降幅明显，与"反事实"值曲线相比，真实值曲线下降幅度更大，可知自贸区建设前期，从上海自贸区复制过来的对外贸易政策存在一定的"水土不服"。随着自贸区的进一步建设和政策改革，2016 年之后，中外合资企业进出口总额、外商投资企业进出口总额、外资独资企业进出口总额和中外合作企业进出口总额的真实值均持续上升，基本回到了 2013 年的发展水平。除中外合作企业进出口总额外，其他三个指标的"反事实"曲线始终保持在真实值曲线上方，也就是说，福建自贸区的对外贸易政策存在一定的不适应性，未能起到应有的效果，政策效应均为负。

对比四种指标的真实值曲线，中外合作企业进出口总额最低，但从政策效应上来看，却是四个指标中唯一一个政策效应为正的指标，2015 年 1 月至 2018 年 5 月的平均政策效应为 2.33%，可见对外贸易政策对中外合资企业的对外贸易发展具有显著的拉动作用。但若从对外贸易的整体发展趋势方面来分析，福建自贸区的对外贸易政策未能全面推动对外贸易的发展水平，在引进外资、对外贸易等方面均有巨大的提升空间。

（三）模型稳定性检验

为了检验 Hsiao 基于面板数据的政策效应评估方法的有效性和稳定性，本书采用了以下检验方法：将拟合选择出的最优控制组从 20 个省区市中提出，利用剩余省区市数据重复 Hsiao 方法拟合，再次选择出一组最优控制组，并对比两次的拟合结果，若仍能得到上述结论，则可认为该方法给出的福建自贸区对外贸易政策效应评估结论可靠、稳定。

分别对 7 个对外贸易指标进行稳定性检验，由于拟合优度降低，稳定性检验曲线与真实值曲线差异较大，但稳定性分析结果均与之前结果相同，因此可以证明 Hsiao 基于面板数据的政策效应评估方法在福建自贸区对外贸易政策效应评估中具有稳定、可信的特点。

（四）福建自贸区对外贸易政策效应分析

自 2008 年经济危机以来，我国对外开放水平不断扩大，经济发展水平也从经济危机时期的低谷中缓缓复苏。但好景不长，由于老牌经济强国的经济复苏之路道阻且长，其在现有的国际贸易规则中难以快速摆脱困境，经济贸易利益和比较优势无法在既有的经济平台上得到发挥和体现，不断挑战世界贸易组织建立的贸易制度，试图建立新的贸易规则，主导世界经济。从美国在 2008 年加入 TPP 到与欧盟签订 TTIP 再到如今的中美贸易战正式打响，处处限制着发展中国家的对外贸易发展之路，我国对外贸易所面临的局势也颇为严峻。为应对经济低迷与下行压力，我国先后提出了"一带一路"倡议和自贸区政策。如今自贸区的政策红利已经初步呈现，尤其是"投资体制改革、贸易便利化、金融开放创新、事中事后监管、完善营商环境、科技创新和服务国家战略"。这七大改革全方位地体现了自贸区政策的政策效应显著。

福建省作为我国的对外贸易大省之一，具有优越的地理位置和资源累积，也成了建立自贸区的不二之选，从 2015 年福建省正式获批福建自贸区开始，政策效应便逐步展现。

对福建省地区生产总值与累计同比增速和全国 GDP 与累计同比增速进行对比。

虽然我国 GDP 近年来持续增长，但由图 8-3，GDP 的累计同比增速曲线可以清晰地看出，2005~2017 年我国经济发展的总体趋势在 2008 年经济危机之后虽有短暂的经济恢复，但在 2010 年之后，经济总体下行压力较大。从福建省地区生产总值和全国 GDP 的累计同比增速曲线的对比中，不难发现 2012~2015 年，福建省地区生产总值的累计同比增速曲线虽然比同期的全国水平高出 1%~2%，但下降幅度要明显高于全国同期水平。自 2015 年福建自贸区获批到如今自贸区运营已经步入正轨，地区生产总值的累计同比增速曲线下降幅度也明显放缓，结合政策效应评估结果可知，福建省自贸区的建设在近年的福建省宏观经济发展中起到了一定的拉动作用。未来随着自贸区政策的进一步创新开拓，定将发挥出更加显著的经济带动作用。

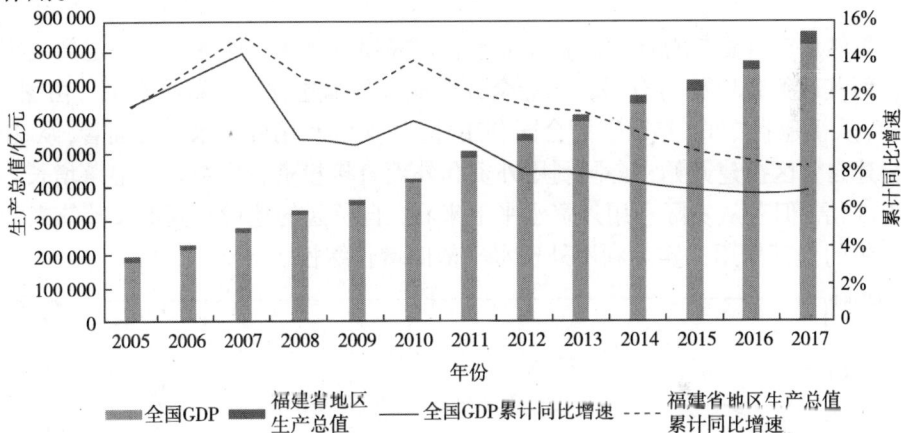

图 8-3　2005~2017 年全国 GDP 与福建省地区生产总值

再从对外贸易发展总体水平来看，我国进出口总额的变化趋势与宏观经济总体走势相同，但具有一到两年的滞后期。2008 年的经济危机和 2013~2014 年全球对外贸易局势变动所带来的影响，分别在 2009 年和 2015~2016 年显现出来，这与对外贸易的自身特点有关。从全国进出口总额、进口总额和出口总额的对比图（图 8-4）中可知，我国进出口总额、出口总额近年来总体保持不变，但进口总额近年来略有缩减，但结合政策效应分析结论，自贸区政策在福建省进出口总额、进口总额和出口总额三方面均有一定的带动作用，其中进口总额的政策效应最为显著，这与全国进口总额缩减的趋势恰恰相反，可见自贸区政策在对外贸易发展中具有良好的拉动作用，能够有效地扩大对外开放水平，减小对外贸易格局变化所带来的冲击。相信在自贸区政策的带动作用下，在滞后期的政策效应将会更加清晰地展现出来。

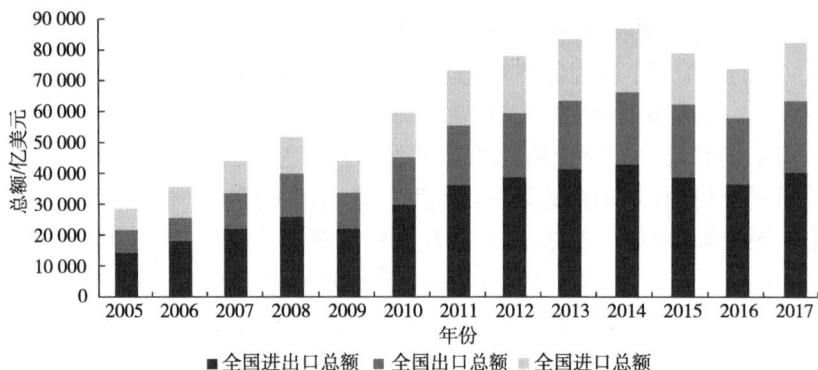

图 8-4　2005~2017 年全国进出口总额、进口总额与出口总额

虽然从对外贸易总体发展状况上来看，福建自贸区均展现出了一定的政策效应，但其政策效应相对有限，未能全方位地改善福建省对外贸易水平。由图 8-5 可知，从福建省 2000 年以来的合同利用外资、实际利用外资水平方面看，从 2015 年福建自贸区投建开始，合同利用外资和外商直接投资合同数均有显著增长，涨势近 3 倍。但若从实际利用外资水平上来看，自贸区的建设对其增长趋势未能起到有效的提升作用，实际利用外资水平依旧增长缓慢。

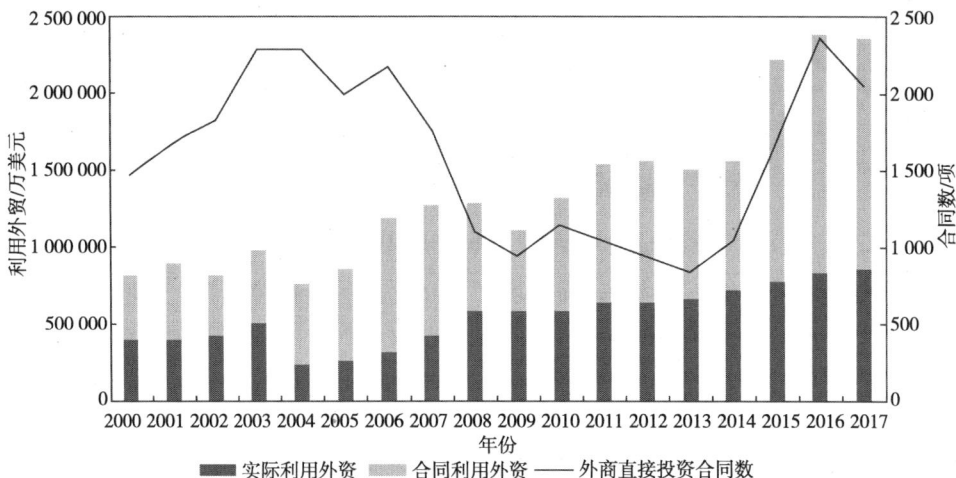

图 8-5　福建省 2000~2017 年实际利用外资、合同利用外资和外商直接投资合同数

按照本节设定的分析，将我国对外贸易总额按照类别分为外商独资企业进出口总额、外资投资企业进出口总额、中外合资企业进出口总额和中外合作企业进出口总额四类。从这四个指标的实证分析来看，福建自贸区对外贸易政策在改善对外贸易均衡发展方面作用甚微。若将这四个指标的实证分析结果结合全国进出口总额的分类来分析，我国外资投资企业进出口总额和外商独资企业进出口总额

水平要远高于中外合资企业进出口总额和中外合作企业进出口总额，整体呈现不均衡的发展趋势。而自福建自贸区成立以来，中外合作企业进出口总额却具有明显的政策效应，由此可以认为福建自贸区在促进我国对外贸易均衡发展上起到了一定的作用。

但不可否认的是，对外贸易发展不均衡、过于依赖外资和外商的对外贸易模式，已成为限制福建自贸区对外贸易发展的主要绊脚石。造成这一现象的主要原因包括我国企业生产服务技术复杂度低、缺乏自主知识产权和核心技术，以及本国具有国际影响力的自有品牌匮乏等。因此福建自贸区对外贸易政策应极力促进中外合作，推动知识产权保护措施实施，只有这样，掌握核心知识产权和核心技术的企业才能在未来的对外贸易博弈中抢占鳌头。与此同时，如何通过自贸区对外贸易制度创新，推动传统的对外贸易企业转型，摆脱对外资和外部技术的依赖，以及如何带动提升对外开放的整体质量，也将是福建自贸区面临的攻坚难题。综上所述，福建自贸区政策在宏观经济发展和对外贸易水平上均具有一定的拉动作用，是我国应对多变的世界贸易格局的强而有力的"桥头堡"。但其建立时间不长，政策效应有限，如何全方位地快速改善我国对外贸易现状，将会是福建自贸区所面临的巨大挑战。

参 考 文 献

毕淑娟. 2018. 粤津闽三大自贸区打造 2.0 升级版[N]. 中国联合商报，2018-06-04（A01）.

蔡春林. 2015. 广东自贸区建设的基本思路和建议[J]. 国际贸易，（1）：15-21.

陈爱贞，刘志彪. 2014. 自贸区：中国开放型经济"第二季"[J]. 学术月刊，46（1）：20-28.

陈辉峰，黄雅珠. 2017. 自贸区法庭服务保障自贸区建设的探索[J]. 东南司法评论，（1）：1-10.

陈惠民，汪禄坤. 2015. 我国个人信用评分指标体系的应用探讨[J]. 时代金融，（36）：229-230.

陈奇星. 2015. 强化事中事后监管：上海自贸试验区的探索与思考[J]. 中国行政管理，（6）：25-28.

陈霜华，陶凌云，黄菁. 2014. 上海自贸区背景下的服务贸易发展研究[M]. 上海：复旦大学出版社.

陈玉萍，吴海涛，陶大云，等. 2010. 基于倾向得分匹配法分析农业技术采用对农户收入的影响——以滇西南农户改良陆稻技术采用为例[J]. 中国农业科学，43（17）：3667-3676.

陈章喜. 2002a. 中国入世后保税区的功能调整与体制转换[J]. 国际贸易问题，（4）：13-15.

陈章喜. 2002b. 关于西部地区设立保税区的构想[J]. 经济纵横，（2）：32-34.

陈振明. 2003. 政策科学：公共政策分析导论[M]. 北京：中国人民大学出版社.

陈陟. 2015. 中日韩自贸协议下的大学生创业与就业——以青岛为例[J]. 现代职业教育，（9）：68-69.

成思危. 2003. 从保税区到自由贸易区：中国保税区的改革与发展[M]. 北京：经济科学出版社.

戴瑛，周景行，赵晓艳. 2018. 自贸区税收优惠法律制度的创新与完善[J]. 南海法学，2（4）：67-73.

丹尼尔·马尔金. 2003. 发展科技指标，促进政策的分析和评估——OECD 的经验[J]. 科技管理研究，（1）：5-11.

董彪，李仁玉. 2016. 我国法治化国际化营商环境建设研究——基于《营商环境报告》的分析[J]. 商业经济研究，（13）：141-143.

董志强，魏下海，汤灿晴. 2012. 制度软环境与经济发展——基于 30 个大城市营商环境的经验研究[J]. 管理世界，（4）：9-20.

冯娇. 2015. 自贸区金融体制比较研究[D]. 大连：大连海事大学.

傅强，陈园园，刘军，等. 2015. 基于面板数据和动态 Logit 方法的金融危机预警模型[J]. 中央财经大学学报，（1）：33-40.

高传华. 2014. 内陆自贸区与开放新优势培育[J]. 开放导报，（4）：44-46.

高玉美. 2017. 河南自贸区开封片区国际化营商环境的构建[J]. 中外企业家，（30）：26-28.

高玉美. 2018. 河南自贸区国际化营商环境建设的国际经验[J]. 时代金融，（21）：54-55.

宫华萍. 2015. 上海自贸区的"光环效应"及问题分析——从自贸区"抢位"现象说起[J]. 华东
经济管理，29（4）：40-44.

龚柏华. 2014. 国际化和法治化视野下的上海自贸区营商环境建设[J]. 学术月刊，46（1）：38-44.

龚娜，杨刚. 2009. 国家可持续发展示范区的可持续发展综合评价指标体系的构建——以重庆市
北碚区为例[J]. 乐山师范学院学报，24（5）：89-91，128.

龚唯平，薛白，董华. 2010. 先进制造业发展的动力模型与评价指标体系[J]. 产经评论，2010，
（2）：34-42.

郭信昌. 1993. 投资环境分析·评价·优化[M]. 北京：中国物价出版社.

何力. 2014. 南美沿海型和内陆型自贸区实践与我国自贸区建设[J]. 国际商务研究，35（2）：
24-32.

何枭吟，吕荣艳. 2018. 空港型自贸区发展趋势与我国内陆空港自贸区战略抉择[J]. 国际经济合
作，（8）：52-59.

河南省社会科学院课题组. 2016. 中原经济区城市经济综合竞争力的评价与思考[J]. 区域经济评
论，（6）：80-85.

洪茜. 2002. 构建与完善我国中小企业服务体系研究[D]. 南昌：江西财经大学.

胡同泽，张爱萍，郭峰. 2005. 政府绩效评估评价体系的初步构想[J]. 统计与决策，（21）：31-32.

黄一绥. 2009. 福州市环境可持续性评价[J]. 中国环境管理干部学院学报，19（1）：19-22.

黄育容. 2015. 基于《营商环境报告》的营商环境评价体系研究[J]. 企业改革与管理，（16）：93.

江静. 2017. 制度、营商环境与服务业发展——来自世界银行《全球营商环境报告》的证据[J]. 学
海，（1）：176-183.

蒋天虹. 2004. 中小企业融资模式浅析[J]. 经济与管理，（10）：42-43.

江万会. 2016. 成都自由贸易园区建设的条件和功能模式研究[D]. 成都：西南交通大学.

介相桢. 2012. 河南省社会保障水平综合测定指标体系设计与实证研究[D]. 开封：河南大学.

寇晓霜. 2004. 保税区统计指标评价体系的研究[D]. 天津：天津大学.

李二斌. 2007. 构建城镇社会保障水平评估指标体系[J]. 江苏广播电视大学学报，2：77-81.

李放平. 2014. 自贸区与内陆城市互动发展的影响因素研究[J]. 物流工程与管理，36（3）：154-156.

李健斌，陈鑫. 2009. 关于中国台湾可持续发展指标体系的思考[J]. 经济与管理，23（9）：29-32.

李楠，乔榛. 2010. 国有企业改制政策效果的实证分析——基于双重差分模型的估计[J]. 数量经
济技术经济研究，27（2）：3-21.

李奇. 2009. 试论现代自由贸易区的政府管理体制的运行模式与原则[J]. 经济师，（4）：16-17.

李锐忠，杨斯萍. 2017. "以法兴企"助力南沙自贸区打造法治化营商环境[N]. 民主与法制时报，

2017-07-06（2）.

李晓嘉，朱佳明. 2018. "一带一路"税收征管制度发展研究——以建设海南自贸区为契机[J]. 国际经济合作，（8）：66-72.

李宜江. 2018. 新常态下我国对外贸易发展问题及对策研究[J]. 经贸实践，（2）：1-3.

李玉明，王志玺，杨继成. 2017. 着眼打造法治化营商环境 科学推进自贸区综合行政执法体制改革[J]. 行政科学论坛，（10）：15-20.

李支. 2016. 营商环境视野下的自贸区金融纠纷多元化解决机制探析——以广东自由贸易试验区为例[J]. 现代经济信息，（8）：296-297.

林涛，杜思贤. 2018. 南沙自贸区创新指数设计与分析[J]. 城市观察，（4）：37-45.

林晓伟，李非. 2015. 福建自贸区建设现状及战略思考[J]. 国际贸易，（1）：11-14，35.

刘斌，王春福. 2000. 政策科学研究（第一卷）——政策科学理论[M]. 北京：人民出版社.

刘秉镰，王钺. 2018. 自贸区对区域创新能力的影响效应研究——来自上海自由贸易试验区准实验的证据[J]. 经济与管理研究，39（9）：65-74.

刘辉群，刘恩专. 2008. 中国保税港区发展及其绩效评价[J]. 商业研究，（11）：203-207.

刘晶，珍增. 2016. 中国自由贸易试验区综合绩效评价指标体系研究[J]. 亚太经济，（3）：113-121.

刘美乐. 2014. 上海自贸区设立对上海航运业发展的影响研究[D]. 大连：大连海事大学.

刘明显，莫洪兰. 2015. 基于 AHP 方法的中国—东盟自贸区金融生态环境影响因素分析[J]. 当代经济，（35）：145-147.

刘生龙，王亚华，胡鞍钢. 2009. 西部大开发成效与中国区域经济收敛[J]. 经济研究，（9）：94-105.

刘雯凤. 2016. 自贸区建设背景下物流金融发展模式改进与风险评价研究——以天津自贸区为例 [D]. 天津：天津理工大学.

刘邢宇. 2017. 东道国营商环境对我国 OFDI 的影响研究[D]. 杭州：浙江工商大学.

刘志强. 1998. 宏观经济评价指标体系研究[J]. 世界经济，（8）：3-5.

鲁桂华. 2007. 新《企业财务通则》彰显理论与制度创新[J]. 财务与会计，（4）：18-20.

路海波. 2009. 张家港保税区功能转型研究[D]. 镇江：江苏大学.

鲁慧慧. 2014. 天津港保税区区域经济效应及启示研究[D]. 南宁：广西师范学院.

陆建明，杨宇娇，梁思焱. 2015. 美国负面清单的内容、形式及其借鉴意义——基于 47 个美国 BIT 的研究[J]. 亚太经济，（2）：55-61.

陆松. 2004. 保税区的变革之路——上海外高桥保税区的转型研究[D]. 上海：上海大学.

路晓霞. 2016. 自贸试验区法治化营商环境研究——以汕头华侨试验区为视角[J]. 广东技术师范学院学报，37（10）：117-126.

罗建中. 2017. 中国（广东）自贸区南沙新区：提升政务服务水平优化营商环境[J]. 广东经济，（9）：24-27.

马文斌，杨莉华，文传浩. 2012. 生态文明示范区评价指标体系及其测度[J]. 统计与决策，（6）：39-42.

毛月秋，喻海东. 2018. 福建省自贸区港口建设风险评价研究[J]. 当代经济，（1）：54-55.

孟广文，刘铭. 2011. 天津滨海新区自由贸易区建立与评价[J]. 地理学报，（2）：223-234.

苗长健. 2004. 天津港保税区发展对策研究[D]. 天津：天津大学.

莫茜，高峰，董纪昌. 2008. 行为评分模型在个人信用评估应用中的实证研究[J]. 国际金融研究，7：45-51.

南薇. 2017. 基于多级模糊评价方法的跨境电商盈利模式研究——以天津东疆自贸港区为例[D]. 天津：天津理工大学.

南旭光，罗慧英. 2006. 基于等比例危险模型的金融危机预警[J]. 统计与决策，（24）：32-35.

倪鹏飞. 2008. 中国城市拿什么吸引投资者——《2008中国营商环境报告》摘要[J]. 资本市场，（5）：102-105.

裴长洪，郑文. 2014. 中国开放型经济新体制的基本目标和主要特征[J]. 经济学动态，（4）：8-17.

彭文心. 2015. 欠发达地区营商环境对招商引资影响研究[J]. 经营管理者，（3）：155-156.

彭羽，陈争辉. 2014. 中国（上海）自由贸易试验区投资贸易便利化评价指标体系研究[J]. 国际经贸探索，30（10）：63-75.

乔章凤，周志刚. 2011. 城市科技创新能力评价及实证研究[J]. 西安电子科技大学学报（社会科学版），21（3）：62-67.

仇燕苹，宣昌勇. 2007. 国外自贸区的发展对我国保税区转型的启示[J]. 云南财贸学院学报（社会科学版），（1）25-27.

阮文婧. 2018. 沈阳自贸区打造国际化营商环境策略研究[J]. 现代管理科学，（9）：12-14.

上海财经大学自贸区研究院. 2015. 赢在自贸区[M]. 北京：北京大学出版社.

盛斌. 2015. 天津自贸区：制度创新的综合试验田[J]. 国际贸易，（1）：4-10.

盛明科. 2005. 社会和谐指数：政府绩效评估的重要指标[J]. 文史博览，（Z2）：72-75.

史长宽，梁会君. 2013. 营商环境省际差异与扩大进口——基于30个省级横截面数据的经验研究[J]. 山西财经大学学报，35（5）：12-23.

叔平. 2013. 创造"法制化和国际化的营商环境"上海自贸区"先行先试"将释放新一轮改革红利[J]. 上海质量，（8）：14-17.

舒扬. 2015. 应对和服务广东自由贸易试验区建设的思考与探索[J]. 法治论坛，（3）：201-212.

宋云博，王璐. 2019.自贸区海关协同监管机制创新思考[J]. 人民法治，（11）：46-49.

孙丽燕. 2016. 企业营商环境的研究现状及政策建议[J]. 全球化，（8）：106-119，135.

孙宁华，韩逸平. 2016. 地区专业化与制造业结构优化——基于省级面板数据的经验分析[J]. 南京大学学报（哲学·人文科学·社会科学），53（1）：34-44，157.

孙玉玲. 2016. 金砖国家营商环境对外商直接投资的影响研究[D]. 广州：广东工业大学.

谭娜，周先波，林建浩. 2015. 上海自贸区的经济增长效应研究——基于面板数据下的反事实分析方法[J]. 国际贸易问题，（10）：14-24，86.

唐健飞. 2014. 中国（上海）自贸区政府管理模式的创新及法治对策[J]. 国际贸易，（4）：27-32.

唐晶莹，吴一菲，赵蕊. 2012. 我国宏观经济先行指标体系构建的实证研究[J]. 科学决策，（9）：73-94.

田毕飞，李伟. 2015. 内陆自贸区的建立与评价研究——以武汉为例[J]. 国际商务研究，36（4）：47-55.

万正晓，吴孔磊. 2009. 构建我国宏观经济预警模型的几点建议[J]. 统计与决策（6）：74-75.

汪永奇，程希骏. 2002. 中国资本市场的效率分析[J]. 价值工程，（3）：45-47.

王爱俭，刘喜和，王学龙. 2011. 现代金融服务体系竞争力指标体系构建与评价——兼议天津金融服务体系的完善[J]. 现代财经（天津财经大学学报），31（12）：24-32.

王凤岩. 2016. 中国（上海）自由贸易试验区社会组织发展与管理机制研究——基于实证的分析[J]. 科学经济社会，34（2）：39-45.

王广谦. 1996. 现代经济发展中的金融因素及金融贡献度[J]. 经济研究，（5）：58-64.

王军. 2001. 消费信贷中个人信用评估指标的设立[J]. 农村金融研究，（10）：48-50.

王利辉，刘志红. 2017. 上海自贸区对地区经济的影响效应研究——基于"反事实"思维视角[J]. 国际贸易问题，（2）：3-15.

王琳. 2010. 文化软实力与中华文化复兴——以国家中心城市港京沪津穗渝评价为例[J]. 天津大学学报（社会科学版），12（4）：327-332.

王天琪，黄应绘. 2015. 文化实力测度指标体系的构建及其应用[J]. 统计与决策，（5）：19-23.

王玉明. 2006. 国外政府绩效评估模型的比较与借鉴[J]. 四川行政学院学报，（6）：37-40.

王瑷媛. 2018. 上海自贸区设立背景及发展现状分析[J]. 物流科技，41（8）：124-125.

卫梦星. 2012. 基于微观非实验数据的政策效应评估方法评价与比较[J]. 西部论坛，22（4）：42-49.

卫梦星. 2013. "反事实"思想在宏观政策效应评估中的应用——基于Hsiao面板数据的方法[D]. 北京：中国社会科学院研究生院.

魏江，黄学. 2015. 高技术服务业创新能力评价指标体系研究[J]. 科研管理，36（12）：9-18.

魏淑艳，孙峰. 2017. 东北地区投资营商环境评估与优化对策[J]. 长白学刊，（6）：84-92.

吴建安. 2002. 中国外商直接投资环境研究[D]. 北京：对外经济贸易大学.

武康平，吴蓉. 2004. 自贸区的功能特征与法律保障[M]. 北京：经济科学出版社.

夏烺，杜玉琼. 2017. 中国自贸区负面清单模式下优化外资营商环境探析[J]. 法制与社会，（31）：123-124.

徐军田. 2007. 地方服务型政府绩效评估指标体系研究[D]. 大连：大连理工大学.

许可，王瑛. 2014. 后危机时代对中国营商环境的再认识——基于世界银行对中国2700家私营企业调研数据的实证分析[J]. 改革与战略，30（7）：118-124.

徐莉萍，王静. 2015. 国外出口加工区、经济特区、自贸的效率评价及对中国的借鉴[J]. 上海经济研究，（11）：104-112.

昝佚菅，林志伟. 2011. 增值税转型改革与企业固定资产投资决策——基于中国上市公司数据的面板双重差分模型分析[J]. 税务与经济，（1）：90-97.

晏露蓉，吴伟. 2006. 建设先行指标体系的科学方法[J]. 金融研究，（6）：128-135.

阎学通. 2010. 中外关系鉴览 1950—2005——中国与大国关系定量衡量[M]. 北京：高等教育出版社.

杨岚. 2004. 中观经济金融统计监测指标选择：标准化与规范化[J]. 西安金融，（7）：23-24.

杨冕，陈兴鹏，薛冰. 2009. 中国西北地区可持续发展测度的比较[J]. 兰州大学学报（自然科学版），45（5）：48-52.

杨涛. 2015. 营商环境评价指标体系构建研究—基于鲁苏浙粤四省的比较分析[J]. 商业经济研究，（13）：28-31.

杨艳萍. 2007. 区域科技资源配置能力的综合评价[J]. 统计与决策，12：68-70.

杨卓亚. 2015. 综合保税区向自由贸易园区转型研究——以大连保税区为例[D]. 沈阳：辽宁大学.

叶恒毅. 2018. 分析自贸区建立对我国对外贸易发展的影响——以上海自贸区为例[J]. 中国商论，（23）：85-87.

余静文，赵大利. 2010. 城市群落的崛起、经济绩效与区域收入差距——基于京津冀、长三角和珠三角城市图的分析[J]. 中南财经政法大学学报，（4）：15-20，142.

余静文. 王春超. 2010. 转型时期中国城市圈的经济绩效[J]. 当代经济科学，（5）：103-112，128.

余文建，邓蒂妮. 2008. 辅助性金融机构发展与中小企业融资改善：台湾地区的经验与借鉴[J]. 上海金融，（8）：81-84.

贠杰. 2015. 中国地方政府绩效评估：研究与应用[J]. 政治学研究，（6）：76-86.

袁媛. 2018. 福建自贸区背景下外语外贸复合型人才培养——日本职业教育的经验与启示[J]. 铜陵职业技术学院学报，17（3）：9-14.

岳侠，钱晓萍. 2015. 中亚五国投资环境比较研究：中国的视角[J]. 亚太经济，（2）：73-78.

臧志彭. 2015. 法治政府、服务型政府建设与上海自贸区制度创新感知效能[J]. 经济体制改革，（3）：27-37.

曾凡. 2018. 上海对外贸易在全球价值链中的地位现状及提升策略[J]. 上海对外经贸大学学报，25（1）：37-48.

曾繁正. 1998. 西方国家法律制度：社会政策及立法[M]. 北京：红旗出版社.

张恩娟. 2016. 基于模糊物元分析的福建自贸区物流服务能力提升研究[J]. 哈尔滨师范大学自然科学学报，（5）16-19，59.

张寒明. 2016. 关于宏观经济统计指标体系的探讨[J]. 统计与决策，（17）：35-37.

张欢，成金华，冯银，等. 2015. 特大型城市生态文明建设评价指标体系及应用——以武汉市为例[J]. 生态学报，35（2）：547-556.

张建平. 2014. 2014 年自贸区改革任重道远[J]. 中国物流与采购，（4）：40.

张瑾. 2016. 基于模糊模式识别技术的上海自贸区宏观审慎风险评估模型研究[J]. 武汉金融，3：14-17.

张绍乐. 2017. 自贸区综合发展水平影响因素评价研究[J]. 区域经济评论，（6）：112-120.

张钰莹. 2016. 广东自贸区贸易投资便利化研究——以南沙片区为例[D]. 广州：广东外语外贸大学.

赵晋平. 2018. 中美经贸摩擦背景下的自贸区战略再思考[N]. 中国经济时报，2018-08-20（5）.

赵亮. 2015. 我国自由贸易区的经济增长效应研究：理论与实证[D]. 南京：东南大学.

赵若锦. 2018. 论我国对外贸易的不协调发展状况[J]. 当代经济管理，40（3）：53-62.

郑元丹，陈晨. 2017. 舟山构建自贸区透明营商环境[N]. 浙江日报，2017-08-27（1）.

周国富，胡慧敏. 2007. 金融效率评价指标体系研究[J]. 金融理论与实践，（8）：15-18.

周黎安，陈烨. 2005. 中国农村税费改革的政策效果：基于双重差分模型的估计[J]. 经济研究，
　　40（8）：44-53.

周励. 2017. 陕西自贸区为改善营商环境探索新制度[N]. 陕西科技报，2017-10-27（2）.

周明升，韩冬梅. 2018. 上海自贸区金融开放创新对上海的经济效应评价——基于"反事实"方
　　法的研究[J]. 华东经济管理，32（8）：13-18.

周文慧. 2017. 中俄自贸区建设背景下的黑龙江省金融效率评价与提升对策研究[D]. 哈尔滨：哈
　　尔滨商业大学.

周稳海，赵桂玲. 2010. 开放条件下金融风险预警指标体系研究[J]. 特区经济，（4）：72-74.

朱慧涛. 2006. 论政府绩效评估的定位及指标体系构建[J]. 理论与改革，（3）：43-44.

朱明春. 2011. 推进政府绩效评估需要解决的几个问题[J]. 理论界，（1）：24-26.

朱宁宁，朱建军，刘思峰，等. 2008. 我国政府建筑节能政策（措施）的实施效果评价[J]. 中国
　　管理科学，16（S1）：576-580.

Abiad A D. 2003. Early warning systems：a survey and a regime-switching approach [J]. IMF Working
　　Papers，3（32）：993-1052.

Altman E I. 1980. Commercial bank lending：process，credit scoring，and costs of errors in lending[J].
　　The Journal of Financial and Quantitative Analysis，15（4）：813-832.

Ammons D N. 1995. Overcoming the inadequacies of performance measurement in local government：
　　the case of libraries and leisure services[J]. Public Administration Review，55（1）：37-47.

Angrist J D. 1990. Lifetime earnings and the vietnam era draft lottery：evidence from social security
　　administrative records：errata[J]. American Economic Review，80（5）：1284-1286.

Angrist J D，Keueger A B. 1991. Does compulsory school attendance affect schooling and earnings?[J].
　　The Quarterly Journal of Economics，106（4）：979-1014.

Angrist J D，Pischke J S. 2010. The credibility revolution in empirical economics：how better research
　　design is taking the con out of econometrics[J]. Journal of Economic Perspectives, 24（2）: 3-30.

Arrow K，Bolin B，Costanza R，et al. 1995. Economic growth，carrying capacity，and the
　　environment[J]. Ecological Economics，15（2）：91-95.

Bacchetta P. 1990. Temporary capital controls in a balance-of-payments crisis[J]. Journal of
　　International Money and Finance，9（3）：246-257.

Bai J M. 2005. On construction of evaluation system of government performance [J]. Collected Essays on Finance and Economics，（3）：37-41.

Bayraktar N. 2013. Foreign direct investment and investment climate[J]. Procedia Economics and Finance，5：83-92.

Bound J，Jaeger D A，Baker R M. 1995. Problems with instrumental variables estimation when the correlation between the instruments and the endogenous explanatory variable is weak[J]. Journal of the American Statistical Association，90（430）：443-450.

Business D. 2011. Changing the business environment for entrepreneurs. A worldbank group flagship report[R]. New York：The World Bank Public.

Business D. 2012. Trading across borders. A worldbank group flagship report[R]. New York：The World Bank Public.

Business D. 2013. Measuring business regulations. A worldbank group flagship report[R]. New York：The World Bank Public.

Business D. 2015. Going beyond efficiency. International bank for reconstruction and development[R]. New York：The World Bank Public.

Business D. 2016. Measuring regulatory quality and efficiency. A world bank group flagship report[R]. New York：The World Bank Public.

Business D. 2017. Equal opportunity for all. A worldbank group flagship report[R]. New York：The World Bank Public.

Business D. 2018. Reforming to Create Jobs. A worldbank group flagship report[R]. New York：The World Bank Public.

Cai L H. 2007. Government performance evaluation：status quo and prospect of development [J]. Journal of Sun Yatsen University（Social Science Edition），5：82-90，117.

Calvo G A，Leiderman L，Reinhart C M. 1996. Inflows of capital to developing countries in the 1990s[J]. Journal of Economic Perspectives，10（2）：123-139.

Camerer M I. 2006. Measuring public integrity[J]. Journal of Democracy，17（1）：152-165.

Canay I A. 2010. Simultaneous selection and weighting of moments in GMM using a trapezoidal kernel[J]. Journal of Econometrics，156（2）：284-303.

Capon N. 1982. Credit scoring systems：a critical analysis[J]. Journal of Marketing，46（2）：82-91.

Caporale G M，Rault C，Sova R，et al. 2009.On the bilateral trade effects of free trade agreements between the EU-15 and the CEEC-4 countries[J]. Review of World Economics，145（3）：573.

Card D，Krueger A B. 1992. Does school quality matter? Returns to education and the characteristics of public schools in the United States[J]. Journal of Political Economy，100（1）：1-40.

Card D，Krueger A B. 2000. Minimum wages and employment：a case study of the fast-food industry in New Jersey and Pennsylvania：reply[J]. American Economic Review，90（5）：1397-1420.

Castilho M，menendez M，Sztulman A. 2015. Poverty and inequality dynamics in Manaus：legacy of a free trade zone?[J]. Clinical Endocrinology，72（1）：112-121.

Cavaco S，Fougère D，Pouget J. 2013. Estimating the effect of a retraining program on the re-employment rate of displaced workers[J]. Empirical Economics，44（1）：261-287.

Chauffour J-P，Maur J-C. 2011.Preferential trade agreement policies for development[M]. Washington：World Bank Publications.

Chen C M. 2006. CiteSpace II：Detecting and visualizing emerging trends and transient patterns in scientific literature[J]. Journal of the American Society for Information Science and Technology，57（3）：359-377.

Chen R R. 2008. The cost of doing business abroad in emerging markets and the role of MNC parent companies[J]. Multinational Business Review，16（3）：23-40.

Cruz C. 2000. Identity and persuasion：how nations remember their pasts and make their futures[J]. World Politics，52（3）：275-312.

Donald S G. Newey W K，2001. Choosing the number of instruments[J]. Econometrica，69（5）：1161-1191.

Ehrlich I. 1975. The deterrent effect of capital punishment：a question of life and death[J]. The American Economic Review，65（3）：397-417.

Ehrlich I. 1977. Capital punishment and deterrence：some further thoughts and additional evidence[J]. Journal of Political Economy，85（4）：741-788.

Ehrlich I. 1987. On the issue of causality in the economic model of crime and law enforcement：some theoretical considerations and experimental evidence[J]. American Economic Review，77（2）：99-106.

Ehrlich I. 1996. Crime，punishment，and the market for offenses[J]. Journal of Economic Perspectives，10（1）：43-67.

Ellison G，Glaeser E L. 1997. Geographic concentration in US manufacturing industries：a dartboard approach[J]. Journal of Political Economy，105（5）：889-927.

Feltenstein A，Plassmann F. 2008. The welfare analysis of a free trade zone：intermediate goods and the Asian tigers[J]. World Economy，31（7）：905-924.

Fontaine T. 2005. Currency crises in developed and emerging market economies：a comparative empirical treatment[J]. IMF Working Papers，5（13）：1.

Giacomelli S，Tonello M. 2018. Assessing bureaucratic start-up costs through mystery calls. Evidence from the one-stop shops for doing business[J]. European Journal of Political Economy，51：121-140.

Giannone D，Reichlin L，Sala L. 2004. Monetary policy in real time[J]. NBER Macroeconomics Annual，19：161-200.

Heckman J J，Smith J，Clements N. 1997. Making the most out of programme evaluations and social experiments：accounting for heterogeneity in programme impacts[J]. The Review of Economic

Studies, 64（4）：487-535.

Hogan M J. 2004. The "next big thing"：the future of diplomatic history in a global age[J]. Diplomatic History, 28（1）：1-21.

Hsiao C, Steve Ching H, Ki Wan S. 2012. A panel data approach for program evaluation：measuring the benefits of political and economic integration of Hong Kong with mainland China[J]. Journal of Applied Econometics, 27（5）：705-740.

Jenkins G P, Kuo C-Y. 2019. Taxing mobile capital in free trade zones to the detriment of workers[J]. Asia-Pacific Journal of Accounting & Economics, 26（3）：207-222.

Kaminsky G, Lizondo S, Reinhart C M. 1998. Leading indicators of currency crises[J]. Staff Papers, 45（1）：1-48.

Lalive R. 2008. How do extended benefits affect unemployment duration? A regression discontinuity approach[J]. Journal of Econometrics, 142（2）：785-806.

Lee D S. 2008. Randomized experiments from non-random selection in US house elections[J]. Journal of Econometrics, 142（2）：675-697.

Ma J, Zhou L, Li W. 2010. Indicator system construction for urban low carbon economy development [J]. Science & Technology Progress and Policy, 27（22）：165-167.

Marcus A A, Islam M, Moloney J. 2008. Youth bulges, busts, and doing business in violence-prone nations[J]. Business and Politics, 10（3）：1-40.

Maur J-C, Chauffour J-P. 2011. Preferential trade agreement policies for development：a handbook[M]. Washington：World Bank.

Odom M D, Sharda R. 1990. A neural network model for bankruptcy prediction[C]. San Diego：1990 IJCNN International Joint Conference on Neural Networks.

Okui R. 2009. The optimal choice of moments in dynamic panel data models[J]. Journal of Econometrics, 151（1）：1-16.

Ospina S, Cunill Grau N, Zaltsman A. 2004. Performance evaluation, public management improvement and democratic accountability[J]. Public Management Review, 6（2）：229-251.

Park D, Park I, Estrada G E B. 2008. Prospects of an ASEAN-People's Republic of China free trade area：a qualitative and quantitative analysis[J]. The Chuo-Gakuin University review of economics & commerce, 24：77-90.

Peng G F, Li S C, Sheng M K. 2004. AHP in evaluating government performance：determining indicator weight[J]. China Soft Science, 6：136-139.

Peters J. 2014. Social responsibility is free & sustainable-why doing good while doing business is good business[J]. Nang Yan Business Journal, 2（1）：160-165.

Polaski S. 2006. NAFTA at Year Twelve[J]. Carnegie Endowment for International Peace, 9（11）：1-24.

Powell G B Jr. 1981. Party systems and political system performance：voting participation，government stability and mass violence in contemporary democracies[J]. American Political Science Review，75（4）：861-879.

Puhani P A. 2000. Poland on the dole：the effect of reducing the unemployment benefit entitlement period during transition[J]. Journal of Population Economics，13（1）：35-44.

Rees W E. 2003. Economic development and environmental protection：an ecological economics perspective[J]. Environmental Monitoring and Assessment，86（1/2）：29-45.

Rees W，Wackernagel M. 1996. Urban ecological footprints：why cities cannot be sustainable—and why they are a key to sustainability[J]. Environmental Impact Assessment Review，16（4/5/6）：223-248.

Rice T M，Sumberg A F. 1997. Civic culture and government performance in the American states[J]. Publius：The Journal of Federalism，27（1）：99-114.

Romer C D，Romer D H. 2004. A new measure of monetary shocks：derivation and implications[J]. American Economic Review，94（4）：1055-1084.

Romer C D，Romer D H. 1989. Does monetary policy matter? A new test in the spirit of Friedman and Schwartz[J]. NBER Macroeconomics Annual，4：121-170.

Rubin D B. 2008. For objective causal inference，design trumps analysis[J]. The Annals of Applied Statistics，2（3）：808-840.

Sargent T J，Sims C A. 1977. New methods in business cycle research[J]. Minneapolis：Federal Reserve Bank of Minneapolis，1：145-168.

Serdarević N，Muratović-Dedić A，Karić I. 2016. Doing business with the state and firms' growth. Grasping invisible relational capital[J]. Scientific Annals of Economics and Business，63（3）：415-428.

Sethi D，Judge W. 2009. Reappraising liabilities of foreignness within an integrated perspective of the costs and benefits of doing business abroad[J]. International Business Review，18（4）：404-416.

Siroën J-M，Yücer A. 2014. Trade performance of free trade zones[R].

Stock J H，Watson M W. 1989. New indexes of coincident and leading economic indicators[J]. NBER Macroeconomics Annual，4：351-394.

Stock J H，Watson M W. 2002. Forecasting using principal components from a large number of predictors[J]. Journal of the American Statistical Association，97（460）：1167-1179.

Stock J H，Yogo M. 2005. Testing for weak instruments in linear Ⅳ regression[J]. Nber Technical Working Papers，14（1）：80-108.

Svobodová L，Hedvičáková M. 2015. Doing business in the countries of visegrad group[J]. Procedia Economics and Finance，34：453-460.

Ure J. 2005. ICT Sector Development in Five Central Asian Economies：A Policy Framework for

Effective Investment Promotion and Facilitation[R].

Venables A J. 2003. Winners and losers from regional integration agreements[J]. The Economic Journal, 113（490）: 747-761.

Weitzman M L, Löfgren K G. 1997. On the welfare significance of green accounting as taught by parable[J]. Journal of Environmental Economics and Management, 32（2）: 139-153.

Yackee J W. 2016. Foreign aid, law reform, and the World Bank's doing business project[J]. Law and Development Review, 9（1）: 177-199.

Zhou Z R. 2009. Study of government performance management in China: a historical review and critical assessment[J]. Journal of Public Administration, 1（1）: 34-57, 202-203.

后　记

　　以自贸区推进改革开放是党的十八大以后我国发展中的一项重大战略举措，它将有力地推进我国经济管理体制改革，提升对外开放水平，深刻影响经济发展进程。自贸区建立的根本意义在于通过改革开放促进创新，从而以创新实现经济发展战略的转型升级。

　　我国在自贸区的功能定位上突破了国际惯例，赋予了其许多新的内涵，包括提升开放效率、测试开放压力、采用国际模式、控制改革风险等。自贸区的推行反映了我国开放发展战略的转型升级，包括以体制创新而非特殊政策推进开放，从为出口引外资转变为广义的市场准入，投资开放从正面清单转变为负面清单，从政策性开放上升为体制性开放，以创新实现要素升级替代依靠廉价劳动力等。并且根据我国在新阶段发展战略的总体布局，对自贸区的功能进行差异化定位，要求每个自贸区形成各具特色的试验主题与发展目标。

　　在此情况下，本书在目前国内外主要自贸区的统计指标体系的基础上进行了综合提炼，将国际比较中的指标体系理论与自贸区政策、建设目标及发展前景相结合，应用信息技术和统计模型来设定指标权重，构建了涵盖政府职能转变，投资和贸易便利化，金融创新和政府环境监管、自贸区文化软实力等多层次全方位的创新型统计指标体系。并首次运用主客观权重综合评价法对自贸区基础发展情况和针对自贸区不同于其他特殊监管区的制度创新机制、政府监管、负面清单准入、口岸辐射效率等方面进行了深入研究，得到的评分结果不仅能初步评估自贸区发展结果，还能为以后中国自贸区与国际知名自贸区横向对比打下基础，指导自贸区未来发展方向。

　　本书构建的中国自贸区统计指标体系，不仅涵盖了所有常态化统计领域，又突出了创新特色发展优势。不仅有助于中国自贸区在创建统计指标体系时少走弯路，又保证了研究成果的权威性，确保了该指标体系的精炼与全面。统计指标不仅与所要达成的目标紧扣关联，同时，指标选择可比，指标数据可得，实现了统计指标体系的普适性、可比性和实用性。

　　同时，本书还有以下几点研究展望。第一，随着"大数据"时代的到来，自贸区和大数据的融合是历史必然。如何利用大数据的理念和工具助推自贸区的改革创新是一项迫在眉睫且具有里程碑意义的任务。反之，以自贸区等经贸模式为载体，大数据战略才能得以实施。所以，自贸区和大数据是相互支援、相互融洽、相得益彰、不可分割的关系。因此，广大学者可以采用德尔菲法（Delphi）、深度访谈等调研方法，采纳中国自贸区运行相关管理机构和区内企业的专家建议，完善与优化度量指标体系。并借助大数据方法及其技术集成，采用多种数据搜集方式整合多种数据来源，利用现代信息技术和架构高速处理、挖掘，获取具有高度应用价值和决策支持功能的数据，通过统计指标评价的其他方法进行多方面、全方位评价分析。第二，指标体系需要根据实际情况与时俱进地细化或完善。随着自贸区的不断进步，很多指标的重要程度随之改变，有的指标在测算时因数据获得方法本身不够权威或现有的度量方法存在的较为显著的缺陷而导致失真，这都是今后研究需要注意的地方。另外，要学会综合现有方法构建更为科学可行的评估方法形式，通过更加严谨、符合现实的数据，进行更深层次的自贸区研究与探索。

　　本书诚感谢丁娜老师（辽宁何氏医学院，基础医学院副教授）在编写中的贡献[①]。

---

　　① 数据统计归纳编写任务，共 2.5 万字。